深圳报业集团出版社

袁庚传奇

◎涂俏/著

庆祝深圳经济特区建立四十周年纪念版

袁庚敢于冲破传统思想的羁绊，在荆棘丛中杀出了一条血路，响亮地提出“时间就是金钱，效率就是生命”的口号，震动全国

老战友钟原终生珍藏的一张袁庚照片。钟原是袁庚小学同班同学、入党介绍人。这是1949年，袁庚担任两广纵队炮兵团团长时的留影。1949年10月，袁庚带领炮兵团，攻打伶仃洋上的大铲岛，解放了他的家乡

20世纪50年代初，袁庚出国护照上的标准照。由于工作人员的疏忽，原名袁更的“更”字被误写成为“庚”字，一直将错就错，沿用至今

1950年4月，袁庚（后排右一）离境前往越南，成为秘密援越情报小组成员，兼任胡志明情报与炮兵顾问。这是情报小组部分成员在广西北海火车站候车时的合影

1974年，袁庚出狱后与夫人汪宗谦在颐和园合影。这是袁庚的儿子袁中印自认为给父母拍得最好的一张照片。袁庚秘密被捕入狱5年半杳无音讯，夫人汪宗谦在周末以及节假日跑遍了北京、天津和河北的绝大部分医院、停尸房寻找袁庚，不离不弃，一直独立拉扯3个孩子

袁庚（右二）在印度尼西亚雅加达任领事期间亲自到现场处理侨胞的投诉案件

1966年6月至1967年5月，袁庚被抽调至由外办、侨委、外交部、交通部等单位组成的接侨办公室工作，任组长兼光华轮党委书记，往返印度尼西亚接侨。图为袁庚（右立者）在光华轮上向归国难侨讲话

毛主席万岁！

1978年6月，61岁的袁庚接到时任交通部部长叶飞交付的一项特殊任务：调查研究如何进一步办好招商局。这项任务，将袁庚再次推向历史的前台。两个月的深入调研结束后，袁庚起草了《关于充分利用香港招商局问题的请示》，经交通部党组讨论后，10月9日，上报中共中央和国务院。这份文件，大大扩充了招商局的经营自主权，尽可能摆脱了旧的经济体制羁绊，老旧的招商局从此再度启航。

与此同时，交通部开始重组招商局的领导班子，交通部副部长曾生兼任招商局董事长，袁庚任常务副董事长。1978年10月，袁庚赴香港工作，成为招商局"第29代掌门人"。

在此后近15年的岁月中，袁庚致力于打造蛇口工业区——中国最先改革最先开放最先崛起的"试管"，成为中国改革开放实际运作的先行者。图为1982年3月22日，叶飞（左）专程到蛇口工业区看望老部下袁庚（右），并视察工业区

1979年7月，招商局蛇口工业区在蛇口南山脚下进行了开山填海建港的第一次大爆破，使用炸药10吨，它犹如一声春雷，预示着中国改革开放春天的来临，被称之为中国改革开放的“第一爆”

1979年1月31日，这一天，还是农历马年，大年初四上午，袁庚在中南海李先念办公室，向李先念副主席、谷牧副总理汇报：交通部已与广东省委商妥，在广东宝安地区建立一个招商蛇口工业区，并展开他随身带去的这张香港明细全图，请中央大力支持。李先念用袁庚递过来的铅笔，在地图的左上角，广东省宝安县南头半岛的根部画了两根线，足足有30多平方公里给他。袁庚只要了2平方公里多一点的蛇口。这幅香港地图上，南头半岛北端李先念所画的铅笔线条，至今清晰可见

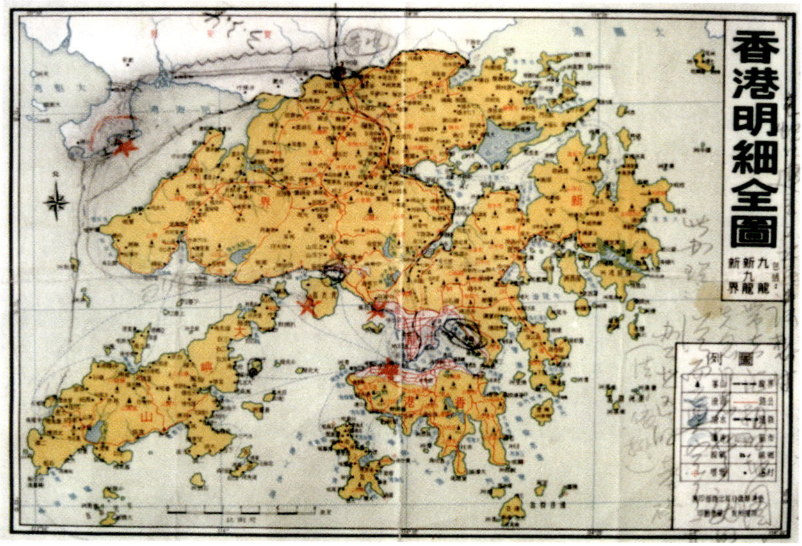
香港明細全圖
九龍
新九龍
新界
圖例

这是最早的一份招商局蛇口工业区平面规划图。该图制作时间为1980年4月

招商局蛇口工业区平面规划图
C.M.S.N. SHEKOU INDUSTRIAL ZONE GENERAL LAYOUTPLAN 1:3000
太子山
南山

2003年7月1日，中华人民共和国香港特别行政区首任行政长官董建华在特首府为袁庚颁授“金紫荆勋章”

中華人民共和國香港特別行政區
HONG KONG

CONTENTS 目录

1939年3月27日，大鹏半岛已是春暖花开的季节。在大鹏区王母围光德小学的一间教室里，在入党介绍人黄闻、钟原的见证下，欧阳珊面对镰刀斧头的党旗，举起右手，庄严地宣誓：

“我自愿加入中国共产党……”

第一章

三党争夺『狗嚎仔』选择共产党

袁庚，出生时父母为他取名欧阳汝山。小学毕业那年，他自己改为欧阳珊。珊，即珊瑚。父亲是海员，他也向往大海。秘密加入共产党以后，为了家人的安全，他更名改姓，母姓袁，他就叫袁更。且慢，事情并没有结束。中华人民共和国成立之初，他因公出国，护照上被人误写为袁庚，这个误写一直“误”到现在。欧阳汝山—欧阳珊—袁更—袁庚，一生三易其名，在个人标签上三次改换“马甲”。

欧阳汝山，1917年4月23日生于广东省宝安县大鹏区王母圩水贝村（现深圳市大鹏新区水贝村）。承接他到这个世界上来的，是一座矮矮的砖瓦房，岭南特有的乡间民居。关于他的生日，有一说，说是1917年清明节，清明上鬼节，乡里人认为鬼节生的孩子挺鬼的。这一说，是他自己于2005年5月23日对笔者讲述的，有录音与笔记可查。长大后，社会上改用公历纪年，他把农历的生日改为公历4月23日。其实，1917年清明那天，农历是闰二月十四日，公历是4月5日，并非他所说的4月23日。此处存疑。

1949年任两广纵队炮兵团团长时的袁庚。日军发动全面侵华战争后，袁庚积极投身抗日宣传，参加大鹏抗日自卫队，加入广东人民抗日游击队东江纵队，战斗在抗日第一线。在此期间，参与了著名的“香港大营救”行动。1944年8月，袁庚受命负责东纵的情报工作，和美军交换日军的情报。抗战胜利后，袁庚随东江纵队北上，参加了豫东战役、淮海战役，随后南下广东率炮兵团解放了惠东地区

袁庚家乡水贝村的大门。水贝村也就是今天深圳市大鹏新区水贝村

1917年农历4月23日，袁庚出生在广东省宝安县大鹏区王母圩水贝村。图为袁庚出生居住的水贝村西头老屋。袁庚曾经在秦城监狱，写下自己身世与“东纵”历程：“1917年，袁庚生于广东省宝安县大鹏区王母乡水贝村。父叫欧阳亨，自少年起至晚年一直是海员。母袁燕，家庭妇女。袁庚为长子，下有二弟：欧阳汝川、欧阳汝杭。他从小由家庭订下婚姻，1938年结婚，女方陈碧仙，婚后生有一子，1945年，母子遇难。”

“当时想向上爬”

欧阳汝山生于一个半工半农的家庭。父亲欧阳亨，自少年时期就是“打工一族”，经香港到海上打工。水贝村年轻人大都去香港当海员。当时，世界上有两大邮轮公司，一是美国人的总统轮船公司，一是英国人的皇后轮船公司。欧阳亨在这两家公司打过工，当侍应生，后来还当了小领班。父亲曾告诉欧阳汝山一个小故事：当侍应生时，只允许打碎两只杯子，没有打碎杯子的话，公司年底会折合奖金发放给个人。这一允许犯错的招数日后被袁庚广泛应用，他是允许手下人犯错的，包括他自己，但犯错是有限度的。

母亲袁燕，村里人叫他袁燕姐，一个普通的农家妇女，是种田能手，也是克勤克俭治家能手。欧阳亨打工寄

袁庚母亲袁燕

20世纪40年代末，大鹏区人民政府赠给袁庚家的“光荣之家”牌匾（牌匾上的“欧阳山”即袁庚）

袁庚旧居

袁庚用过的书桌

来的钱，除了家用，她一个铜板一个铜板积攒下来，与伯父合资置办果园。土改中，欧阳亨家第一次划为上中农，复查时被评为地主，成为专政对象。

位于大鹏半岛中端的水贝村，东临大亚湾，西近大鹏湾。当时从水贝下海到香港大埠，再去本岛或港口，不需任何关卡手续，只要有钱搭船就行，是很方便的。欧阳亨所服务的轮船每年都会停泊香港，或在港大修。他每年回家一两次，把工资带回家。汝山多次随母亲赴港，与父亲会面。这个农家的孩子虽然淘气，却懂得生活的艰辛，见过世面，思维活跃，鬼点子多。

袁燕一共生了5胎，全是男孩，前两个先后夭折，汝山遂成了老大。她没有文化，吃尽了没有文化的苦，希望孩子尤其是汝山好好读书，带个好头，成为有出息、有体面、赚大钱的人。

1923年，汝山在水贝村私塾读了一年，念《三字经》，学些“子曰：学而时习之，不亦乐乎”之类。随后在松山小学就读两年，转入王母圩新民小学，1930年毕业。他读书成绩很好，差不多年年考试第一名。有一两次得了第二名，他很伤心，独自躲起来悄悄流眼泪。他语文成绩特别好，数学稍逊。初中时，俨如文艺小青年，写过一篇“光阴如流”之类的诗，向大鹏旅美华侨赞助的《大鹏魂》民间刊物投寄，立即被采用，还领到一点点润笔费。

1931年下半年，已经更名为欧阳珊的14岁少年，在广州远东补习学校补习了几个月后，在广州参加初中入学考试，以全省会考第八名的成绩，顺利进入广东省一中（广雅中学）读书。从此，世界在这个农村孩子面前，展开更加真实的波云诡谲的一面。他刚入学便受进步同学影响，参加中山大学、广雅中学等广州大中学校师生联合举办的“九一八”抗日示威请愿活动，第一次受到爱国教育的洗礼。

1934年夏季，欧阳珊初中毕业。此时，父亲欧阳亨年老体弱，已经辞工回乡，再也无力为他支付每年300元左右的学习、生活费用了。他不得不中断学业，返回家乡。

他不甘心屈居水贝村，希望有更大的平台让他施展拳脚。

“当时想向上爬，幻想找一个‘理想’的出路，曾四处打听张罗就业。”

1968年4月17日，袁庚被关押在秦城监狱数日后，主动向专案组进行书面申诉，对被诬陷为“美国特务”的罪

袁庚儿时就读的水贝村私塾。“1930年袁庚到广州考试，读小学时用古文授课和作文，直至今天仍可以一字不漏地背出《滕王阁序》，所以以全市会考第八名的成绩考入广雅中学。广雅是广州最好的学校。”（陈敬堂，《香港抗战英雄谱》，中华书局（香港）有限公司，2014年版）

水贝村村口“司马第”字样的石碑

名展开辩证。他如实交代个人生平，坦白在20世纪30年代中叶有“向上爬”的野心。在那个不作践、丑化自己就不算认罪的年代，他把农村青年想找份工作养家糊口，这一真实且自然的想法，概括为“想向上爬”，并不是给自己戴政治帽子，矮化自己，而是当时真实的认知水平。

从养成所到燕塘军校

欧阳珊把目光转向国民党空军学校，提出报考空校当学员，遭到家人强烈反对。就在翅膀尚未张开就要折断的时候，省民政厅下辖的“地政人员养成所”面向全省招收学员。欧阳珊一箭中的，考取了测量学校。这个学校设两个专业，一是图报科，需高中学历；一是测绘班，只需初中毕业。他考取的是测绘班。

欧阳珊赶回水贝村，奉父母之命，依媒妁之言，重蹈他父母婚姻被长辈操纵、包办的命运，与陈碧仙完婚。不久，育有一子，名叫欧阳天羽。

1935年下半年，欧阳珊毕业后被分配到养成所第四十测量队当测量员，也兼绘图。每月薪水30元，除自用外，他领了钱即刻汇寄十元八块回家。养成所的任务是在全省

1936年，袁庚考入中央陆军军官学校广州分校（中央军校第四分校）

测量农村田亩，以利于税收。他奉命在南海县石湾，番禺县笔村、江村、上下川岛等地测绘田亩，东奔西走，日晒雨淋，生活艰苦，收入微薄。他辛辛苦苦累了一年，渐渐不安心，开始四处打探，谋划另栖高枝。

1936年秋，原设立在广州燕塘的广东军事政治学校被蒋介石南京政府改为中央陆军军官学校广州分校，抗战爆发后改为中央军校第四分校，习惯上亦称黄埔燕塘军校或燕塘军校。

受祖辈们“天下兴亡，匹夫有责”“精忠报国”的影响，在日寇强占东三省，大举进犯华北，国难当头之际，欧阳珊有志于从戎报国。当燕塘军校招收学员的公告发布之后，他与一些同事一腔热血前去报名投考。他如愿了，1936年八九月间被录取，成为中央军校广州分校学员总队地政大队学员。

燕塘的军校承继了孙中山先生创立、国共两党合办的黄埔军校传统，军事科目正规、扎实。欧阳珊在实弹射击、测量测绘方面受益匪浅。可是，他受不了政治部强词夺理，咄咄逼人的“党国”啊、“忠诚”啊的训导，看不惯教员间的勾心斗角，反感大队长与中队长们的尔虞我诈。地政大队大队长熊翼中校一提到蒋委员长立即

“啪”的一声立正，挺胸昂立，一副效忠党国至死不渝的样子。欧阳珊初始是相信他的，相处了一些日子，渐渐发现此人是个身披校服的流氓。开初，地政班有180多名学员，每人每月需缴交9元伙食费，他竟然每人头上扣3元，作为供他吃花酒、逛窑子、养小三和下赌场的部分费用。许多同学对这种军校很是失望，纷纷请假离队，大中队长们一一照准，借此吃空额。所有的克扣、贪污都毫不隐讳，简直是明火执仗，拦路打劫。

时局维艰。“九一八”事变后，日本侵略军步步紧逼，国民政府节节败退，前方吃紧，后方紧吃。欧阳珊失望了。

他原以为考进军校，可以早日实现报国梦。岂料踏进燕塘军校不久，梦想就被击得粉碎，对个人前途异常悲观。广州是具有革命传统的神奇之地，在国民党钳制言论的恐怖环境里，一些书摊上仍有鲁迅、邹韬奋等人抨击黑暗，呼唤团结救亡的文字面世。这些作品，对欧阳珊具有启蒙开智的作用，引领他去思考，去探索。“七七”事变后，军校的训练时断时续，人心涣散，同学们纷纷请假离校，另谋出路。1937年八九月间，在苦闷、彷徨、失望中，欧阳珊离开了地政大队，回归乡间。

桂山钟楼是中央军校第四分校的遗址。袁庚就读的燕塘军校遗址已经荡然无存。袁庚原以为考进军校，可以早日实现报国梦。岂料踏进燕塘不久，梦想就被击得粉碎，对个人前途异常悲观。广州是具有革命传统的神奇之地，在国民党钳制言论的恐怖环境里，一些书摊上仍有鲁迅、邹韬奋等人抨击黑暗，呼唤团结救亡的文字面世。这些作品，对袁庚具有启蒙开智的作用，引领他去思考，去探索

“我自愿加入中国共产党”

水贝村村口的石牌上有一副对联，“水能育万物物华天宝，贝壳富诸人人杰地灵”。欧阳在水贝是大姓。欧阳珊听老人说，欧阳人家是从河南叶县南迁至广东的。笔者在2005年前后十一次在水贝采访，寻找欧阳家先人的足迹。据村里一位叫欧阳国财的老人说，水贝的欧阳宗亲是从江西庐陵（今吉安市）南下至此，他还展示了一张自己绘制的宗谱图。在水贝，人与地共荣共生，外地势力很少进入。

欧阳珊一回来，三股政治势力的目光都聚焦在这个瘦高的男人身上。

还是在1937年上半年，国民党为了扩充力量，争夺青年，对燕塘军校的学员，不管个人意愿如何，坚决“一刀切”，把学校的全部学员“切”进国民党的山头之内。参加国民党的仪式是按中队分别进行的，不用个人申请、填表，也不用考察，你的姓名只要在中队花名册里就行了，就算你集体报名了。熊翼在仪式上训话，然后就拿“一个领袖一个主义”的题目布置全体学员讨论，发言者寥寥，几个中队长说了一通后，宣布仪式结束。

国民党大鹏区党部负责人蔡克明像章鱼一样将触须伸向每个角落，在青年中大力发展国民党员。他盛情邀请欧阳珊参加发展国民党献策座谈会，还动员他去区党部进行国民党党员登记，被一口回绝了。

蔡克明第二次来找欧阳珊，坚持说，“你已经在军校集体入了党，有据可查，不管是否登记，总归就是国民党党员”。欧阳珊请他把有自己亲笔签名的申请表拿出来，“上面有我的签名，我立马就加入，不用你费心”。

“你个狗嚎仔！”蔡克明碰了一鼻子灰。

从此，欧阳珊有了个诨名——“狗嚎仔”。

总部设在香港的社会进步党，在澳门、广州、上海都有分支机构，亦有一批党员。这个党既反对国民党，也不赞成共产党，社会上称之为第三党。欧阳珊回村不久，应新民小学校长王仲芬的邀请，回母校帮课。社会进步党在

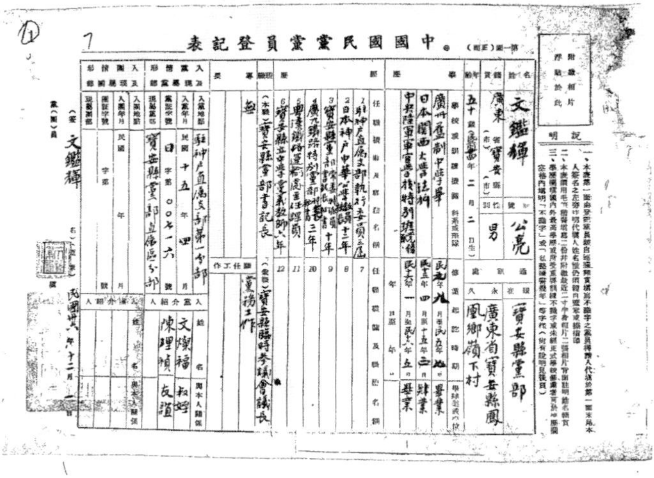
中國國民黨黨員登記表

中国国民党党员登记表。在1937年上半年，国民党为了扩充力量，争夺青年，对燕塘军校的学员，不管个人意愿如何，坚决“一刀切”，把学校的全部学员“切”进国民党的山头之内

宝安一带发展党员，请欧阳珊入党，他的回答是——君子不党。

他还以同样的理由，谢绝了共产党基层组织对他的邀请。

事实上，在他离开家乡的这几年里，中共惠（阳）宝（安）工委在大鹏地区开展了卓有成效的工作，基层党组织发展迅速。在新民小学和区内其他小学的教师队伍中，在乡村的青年知识分子里，不少人已经秘密参加了共产党，并积极在进步青年中发展党员，壮大党的队伍。

1938年夏天，刚从葵涌的竞新小学转到大鹏城教书的黄国伟老师，是中共惠宝工委里最年轻的共产党员，他的秘密任务是在大鹏开展党建和救亡工作。惠宝工委欲组建惠宝人民抗日游击总队，急需欧阳珊这样的军校生。黄国伟指派建党对象黄闻密切接触欧阳珊，对他进行启蒙教育，无奈收效甚微。黄国伟亲自出马，在小茶寮里与欧阳珊长谈两个小时，邀请他加入组织，他表示容他考虑一下。第二天，黄国伟走进学校，即收到欧阳珊托门房转交给他的信，信里只有两行字："本人保持中立，坚决不参加任何党派。"

到了十月初，大鹏区第一个党小组成立以后，黄国伟指派钟原老师动员欧阳珊参加地下党在新民小学开办的读书会，团结、教育、争取他。钟原抽空赶赴水贝村，上欧阳珊家登门拜访，喝茶聊天，留下《共产党宣言》《西行漫记》两本书请他看看。随后，欧阳珊参加了读书会，加入了海岸流动话剧团。在共产党员黄闻、钟原、王柏等同志的影响和带动下，他开始参加抗日救亡活动，并在各项活动中展现出非凡的才干与能力。为宣传群众，教育群众，党组织决定开办夜校和读书会。欧阳珊不仅撰写具有鼓动性的招生广告，还把60多名学生带到海边游泳，教唱抗战歌曲，布置的作业是回家向父母宣传上夜校的好处，动员父母上夜校。促使学生家长纷纷上夜校，甚至出现白天小孩上学，晚上大人入读的新景观。

新组建的大鹏抗日自卫队，赖仲元是小队长，欧阳珊为这支松散的地方武装上军事课。这支队伍于1947年编入东江纵队。

在组织的安排下，1939年，年仅22岁的欧阳珊被推举为大鹏区区立第一小学校长。学校青年教员中，有不少是共产党员。

这个时候的欧阳珊，对共产党的宗旨、作用，有了较

1980年春节，袁庚（后排左二）带领全家返乡，在他年轻时曾任职的小学前拍下这张全家福

清醒、准确的认识。所以，当黄闻正式找他谈话，考察他对共产党的认识，询问他是否愿意参加这个组织，为中华民族的解放和共产主义奋斗终生的时候，他的回答是肯定的，唯一担心的是自己是否符合标准。

1939年3月27日，大鹏半岛已是春暖花开的季节。在大鹏区王母围光德小学的一间教室里，在入党介绍人钟原、赖仲元的见证下，欧阳珊面对镰刀斧头的党旗，举起右手，庄严地宣誓：

“我自愿加入中国共产党……”

1987年，香港招商局常务副董事长、深圳蛇口工业区管理委员会主任袁庚访美，接受美国邀请参加美国费城举行的宪法起草200周年纪念典礼。美方在会上介绍他，并授予一面褒奖牌，感谢他在二战期间做出的贡献。

第二章

『我历史上就是「特务」』

华南民间抗日第一枪

1938年10月中旬，日军为了切断中国海上通道，配合夺取武汉重地，迫使国民党政府投降，发动了入侵华南的广州战役。中华儿女奋起抵抗，抗日烽火燃遍了南粤大地。

国民政府“双十节”那天，驻守大亚湾的国民党部队高级长官们抵达香港欢度中华民国国庆，也松弛一下疲惫的身心。10月12日凌晨，日军第十八师团、第一〇四师团分两路在惠阳县大亚湾登陆，把群龙无首的海防守军打了个措手不及，迅猛地向腹地推进。

在日军主力登陆大亚湾的前一天，10月11日，一小股日军选择在宝安县大鹏镇坝岗乡外的海滩登陆，进行侦察佯攻任务。下午2点30分左右，坝岗乡抗日自卫队的哨兵发现海面上突然出现一只电船（摩托艇）。坝岗乡抗日自卫队的20多位村民在队长黄岸魁（坝岗小学校长兼任）的带领下，在岸边银叶树林中严阵以待，准备伏击侵略者。这支民间抗日武装，黄闻、钟原等一批共产党员是主力，欧阳珊是事实上的军事教员。当时，欧阳珊手中的武器是一把农用锄头，黄闻等人拿的是粉枪（打猎用的土枪），陈水守着一门可以发射碎铁渣的土炮，只有钟原手里有一把真正意义上的枪——他未来岳父南洋华侨家里的左轮手枪。当队长喊“打”的时候，黄闻手里的粉枪哑了火。钟原的左轮也没有“发言”，他不会使用手枪。

在艇上下来的四五个日本兵愈来愈逼近银叶树林的危急关头，钟原拿着枪依旧不知所措。欧阳珊从他手里夺过左轮手枪，拉开保险栓，绷紧全身所有的神经瞄准敌人开枪，“砰”的一声，子弹在飞，却不知道飞向何方。他连开三枪，自卫队的粉枪、土炮也一齐开火。四五个鬼子兵虽然毫发无损，但也被搞蒙了，吓惨了，乘摩托艇逃窜而去。

“阿珊，你好叻！”自卫队员夸奖欧阳珊。

在南粤，一个和善的乡村教师，打响了民间抗日第一枪。

1938年10月，日本侵略军强行在惠阳大亚湾登陆。“日本谋划侵占华南由来已久。1938年10月12日凌晨，日军在大亚湾登陆；21日，占领华南最大城市广州。11月26日，日军攻占宝安县城南头及广九铁路重镇深圳，深圳地区沦陷。”（深圳博物馆，《近代深圳》，文物出版社，2010年版）

随后，半个连的敌军乘十余条摩托艇冲向坝岗海滩，在烟幕弹掩护下，用机关枪疯狂地扫射，自卫队寡不敌众，被迫撤退。

次日，日军大兵团分三路从惠阳县大亚湾登陆。坚守新桥的国民党军队进行了英勇抵抗。21日，广州沦陷。

“今天起，我叫袁更”

第二次国共合作期间，在南粤大地，民间抗日组织方兴未艾。欧阳珊秘密入党后，在党组织的安排下，出任青抗会会长。副会长由大鹏国民党区党部书记蔡克明担任。青抗会的全称是大鹏青年抗战同志会，百分之九十以上成员是大鹏地区青年教师，是共产党的外围阵地，基本控制了大鹏地区的教育阵地。在欧阳珊的带领下，青抗会开展了许多卓有成效的工作。

欧阳珊喜欢看书。在大鹏区区立第一小学的寝室里，他把钟原带给他的《大众哲学》《列宁主义问题》《论持久战》《新青年》和延安出版的《新妇女》等全都仔细阅读。在随后的游击战争以及中华人民共和国成立之后，他尽可能把能找到的书都找来读。“三更灯火五更鸡”，多年的阅读，使其理论水平与思想修养得到了提高，下笔也有如神助。

他在区一小教务处张挂了一幅自己写的“楚虽三户，亡秦必楚”的书法作品，遒劲有力，富有张力，蔡克明大为赞赏，想将他网罗为自己的党羽。他创办油印刊物《青年群众》，草拟了极有感染力的发刊辞，赖仲元审读时也为之动容。从这篇发刊辞及刊物的内容中，蔡克明嗅出里面有共产党的味道，询问欧阳珊谁在幕后指使。欧阳珊坦承是他一个人干的，是对独裁卖国的声讨，唤醒民众抗日救国，有什么不好呢?

这时候，中共地方党通过青抗会在王母、鹏城、沙溪等地开办了八九间农民夜校和三期妇女训练班；在部分乡镇组织起人民抗日自卫队，先后动员几十名青年参加曾生领导的抗日游击队。1938 年 11 月 26 日，宝安县全县沦陷，县府撤至东莞县石马村，县党部搬到了大鹏湾。

11 月底，国民党宝安县党部书记文鉴辉和特派员黄贺已经注意到欧阳珊和他背后的青抗会！他们严词斥责蔡克明工作不力，准备解散青抗会，挖出后面的推手。共产党大鹏区党部获得这个消息后，决定以青抗会名义举行座谈会，邀请文鉴辉“莅临指导”，试试水的深浅。会上，文

东江纵队司令员曾生。“一九三八年十二月中旬，我们惠宝人民抗日游击总队一百多人从淡水返回坪山。从此，有一年多的时间，我们以坪山为基地，开展敌后抗日游击战争，与王作尧等同志领导的东宝惠边人民抗日游击大队互相配合，并肩作战，初步打开了东江敌后抗日游击战争的局面。”（曾生，《曾生回忆录》，解放军出版社，1991年版）

抗日游击队在宝（安）太（平）一线打击敌人，1939年12月1日，收复宝安县南头城，图为南头城旧址。“从一九三九年秋天开始，我们新编大队在葵涌、盐田、沙头角、横岗一带，积极开展游击战争，与日军作战大小三十余次，揭开了惠宝边抗日游击战争新的一页。”（曾生，《曾生回忆录》，解放军出版社，1991年版）

鉴辉公开表示解散青抗会，原先安排不准备发言的欧阳珊被激怒了，据理力争，彻底暴露了自己。

“狗嚎仔。”散会后，赖仲元嗔怪他沉不住气。

次日，赖仲元收到情报，县党部正式整理了一份拟实施逮捕、审讯的黑名单。这份名单上的头一名，就是欧阳珊。

大鹏的张平说：“欧阳珊，你还是去游击队吧，他们急需军事教员，说了好几个月了。”

日军在大亚湾登陆的第二天，八路军驻香港办事处负责人廖承志召集中共香港市委书记吴有恒和中共海员工会书记曾生开会，传达党中央关于在东江敌后开辟游击区的指示。曾生奉命返回宝安坪山家乡开展工作，利用国民党政府组织民众自卫队的政令，组建起惠宝人民抗日游击总队，以坪山为中心建立根据地，开展游击战争。一时之间，坪山号称“小延安”。

初冬时节，欧阳珊告别妻儿，与另外一名地下党员王柏赶到“小延安”，受到总队队长曾生的热烈欢迎。这支游击队，主要由本地青年、华侨青年、香港青年组成，绝大多数是教师或学生，人才济济，但军事人员非常匮乏。

欧阳珊非常钦佩这位仅比他大7岁的指挥员，紧紧握住曾生的手说："从今天起，你就叫我'袁更'吧，让袁更跟着你，经风雨见世面。"

为什么改名为"更"？更，变更，更改，更上一层楼。参加革命，不是说自己少不更事，是希望改变。就个人而言，改变命运；就国家、民族而言，图一个万象更新。

袁更被分派至培训室担任军事教员。

这个时候，曾生的总队已争取到正式番号——第四战区第三游击纵队新编大队。

恨不相逢未嫁时

袁更揽着王柏的肩，向曾生介绍说："这是王柏，华侨学生，同乡，我们一同逃过来的。"

曾生莞尔一笑："又来了一位漂亮的文工团员！"

王柏，原名王秀英，自作主张更名王柏。父亲是菲律宾华侨，海员，与袁更父亲是世交，两家素有往来。她从香港回大鹏，年仅17岁就入了共产党。她长得白皙，文静，大家送她一个诨名"观音阿柏"。在《放下你的鞭子》里，王柏扮演香姐，袁更为路人甲。他们还张贴标语，出墙报，广泛开展宣传活动。袁更被安排担任区一小校长，王柏去当教员。两人平日住校，周末结伴回家。一个小时的路程，途中有一大片坟场，他们说说笑笑就走过了。战友情，男女爱，交织缠绵，两人都有些惆怅。王柏直白地说："恨不相逢未嫁时。"

袁更动员妻子陈碧仙进夜校学文化。她临摹"白"字，袁更夸写得不错。她问王柏老师的名字是不是这个"白"字，幽幽地说："我都觉得，你们好般配啊！"她可以忍耐和顺从，只希望阿珊别离开自己，别离开这个家。

袁更是悄悄离开老屋的。这一别，竟然阴阳两相隔！

1945年10月，袁更还留在香港工作。他父亲、妻子和儿子，还有二弟欧阳汝川从大鹏乘船去看他。就在他们返回水贝村的途中，船过大鹏湾时被水底的鱼雷炸沉，无人幸免。是谁制造了这次袭击？直到现在都还是个谜。

在曾生部队期间为了排遣乡思之苦，袁更找老乡王柏聊天。哪知道王柏比他更思念故土家园，俩人越聊越投机。在总队经过一个半月的训练之后，她突然接到潜伏任务，没有向袁更道别，秘密前往高谭地区。袁更知道她奉命远行，只能心里默念：彼此珍重，后会有期。

曾生、王作尧两部纪律严明，对日作战英勇，深得老百姓欢迎，被国民党视为共军，进行围剿。袁更随曾生部队仓促地从坪山转移至高谭地区，与分别半个多月的王柏不期而遇。王柏很兴奋："阿珊哥，你们都来了，我真的很高兴啊！"

袁庚的革命战友王柏。在组织的安排下，1939年，年仅22岁的袁庚被推举为大鹏区区立第一小学校长。他的革命战友王柏在第一小学任数学老师、历史老师。两人维持了一生的友情

当晚，袁更与曾生、梁鸿钧、邬强等人在同一间教室过夜。王柏点燃艾草条为他们熏蚊子，期待与大部队同行。一大早，敌军分三路逼近高谭，部队再次转移。

出发前，曾生指令王柏等人继续潜伏，在山区发展党组织。王柏哭着请求："曾司令，让我跟部队一起走吧，我干不下去了，我害怕，非死不可了。"曾生继续做工作，她哭着答应了。

曾生离开王柏，看见袁更，要求他做做老乡的思想工作。袁更内心为小妹的处境担忧，嘴上却说不会有事的，保重身体，好好工作。握手道别的时候，他轻轻地拥抱她，就像刚刚曾司令所做的那样。他又遗憾又彷徨。她又欣慰又伤感。没有表白，没有许诺，没有说明，一切都压在冰山下。

从此，天各一方，直到1946年东江纵队北撤前，整整6年间两人都未谋面。当再次见面的时候，传说中的金童玉女其中一方已经有了家室。

“土匪”袁庚

在游击队无法藏身的最困难时刻，袁更当上了“土匪”。

很长一段时间，土匪袁更常常上“威虎山”或其他什么山，拜访、结识“山大王”。

宝安、东莞一带，沦陷区与国统区犬牙交错，在蒋军弃守、日军又不愿去的偏远山区，地方武装群雄并起，土匪横行。在游击队常常被三方武装力量挤迫得缺乏腾挪空间的态势下，袁更被派往宝太线开展工作，团结、争取地方武装，分化、瓦解匪帮，为游击队寻求经费，拓宽生存空间。他有时扮商人，更多的时候是以土匪的身份行走江湖，深入匪穴，与土匪头子歃血为盟，游说、动员地方武装一致抗日。

杜襟南，战友们都亲切地称他为“冒（粤语：意为没有）牙杜”。曾生带着主力跳出遭受挤压的坪山地区，转移至惠阳开展游击战争。他指令邬强率领剩余的几十个老弱伤病人员留守原地，杜襟南任政委。杜襟南是个文化人，一心想当作家。他发烧生病，因地方党组织的干部牺牲了很多，一时无法安排他养病。邬强找到袁更，说你来救救“冒牙杜”吧。袁更将杜襟南带到独树村，找到当地的土匪头子说，我有个朋友生病了，到大哥这里养养病。土匪头子安排房子让杜襟南住下，养了两个月，病愈后返回部队。杜襟南对袁更说，你救我一命。袁更很奇怪：“只是介绍你去养病，怎么说救你一命啊?”“冒牙杜”真心地说：“不是开玩笑，我没地方养病，跟着部队爬山过岭，不是病死，就是被抓走杀掉，你不是救我一命吗?”袁更笑笑：“开玩笑!”

1941年2月，岭南山区的天气格外寒冷。袁更与张嫦翻山越岭进入小山村。他们以夫妻的名义走亲访友，宣传并争取民众的支持。

张嫦，1918年生，东莞篁村人，进步女青年，比袁更小一岁，是东莞模范壮丁队女队员。1941年初，她和一些民运工作人员疏散到袁更那里，她对兄长般的教官袁更既敬佩又仰慕。

袁更与张嫦假扮夫妻执行任务，已经不是第一回了。

一间土卧房，半边堆放农具，半边放了一张木架子床，窄窄的，上边有些种子及破烂物件。主人是袁更不久前结识的杂货店老板蔡九荣，他露出愧疚的脸色，把床上的东西归拢搁在地下，抱来两捆稻草铺床，从自己睡的床上抽出一床垫被给他们，说声“对唔（不）住（起）”，关上门就走了。

袁更帮着张嫦整理床铺，说声“你睡吧”。张嫦问他：“你呢?”他原想到屋外找个牛棚、猪栏过夜，考虑到分开很不安全，便一屁股坐在地上，背靠农具，抱住双膝，闭眼休息。

这个季节室外温度已是零度，山风肆虐，袁更不禁打了个寒噤。

“比外面好多了。”为了掩饰自己的狼狈样子，他笑了笑。不错，比起雨夜里连斗笠蓑衣都没有，蜷缩在树下睡觉；比起即便没有风霜雨露，也只能在杂木林里、沟边、路上过夜，这里已经是天堂。

袁更身高一米七六，在广东男人里面属于身高一族。挺拔，英俊；有理想，有才干，敢负责，有担当。张嫦文

张嫦，1918年生，东莞篁村人，东江纵队最早的民运队员。1941年，被疏散至袁庚搞土匪工作所在的宵边村，两人假扮夫妻，潜伏下来，做统战工作，后假戏成真，结为连理

化水平不高，人很善良。坐在床头的禾草上，想睡又不敢独自享用眼前的这份奢华。在互相推让后，俩人挤睡在一张床上，相互取暖，相互慰藉。

“事实既然造成，就一起过。”他们是先同房，后恋爱。经领导批准，1941年7月，成为事实上的夫妻。

根据惠宝人民抗日游击队总队队长曾生的指令，袁更转战宝太线，分化、瓦解、争取地方武装，组成广泛的统一战线，团结抗日。辛巳年正月里，袁更赶到宝安黄田，独闯虎穴，与独霸一方的土匪头目吴东权面谈，达成口头协议：我方承认黄田是他的地盘，他不阻拦不伤害从黄田过往的我方人员，为游击队在敌后争取到一条“走廊”。5月里，他又到河道纵横的沙田地带与拥有3挺机枪、100多支长短枪的麦浩接触。麦浩与同村另一支土匪头目麦定唐是世仇，麦定唐投靠日军后，他更是惶惶不可终日。在袁更多次劝说下，他表示要依靠我方，同意游击队派人在北栅建立税收站，为游击队提供经费。以后我方民运队员、交通员也陆续进入该地。麦浩手下100多人中，大部分是勤勉的农民。张嫦随后到北栅，在部属的家眷中开展工作。7月，在国民党顽固军扫荡期间，麦浩让我方主力转移到沙田一带隐蔽，还协同击溃伪军一个排。

正当袁更认为此人可以进一步争取的时候，10月初的一个早上，日寇和伪军1000多人突袭北栅，逮捕我方民运、税收、交通等十多个人，张嫦也不幸被捕。

张嫦被俘，袁更内心如焚，寝食难安。

工作，工作；战斗，战斗。袁更用更多的工作与战斗消解心头的那份牵挂。

1942年3月，春暖花开。东纵政委尹林平找袁更谈话，严厉批评他平时的麻痹思想和粗枝大叶的作风，谈话后，把他从东纵司令部参谋处调任总部，出任情报科科长。

张嫦等十几个被俘游击队员，受尽折磨与屈辱，办理不同程度的“悔过”手续以后，在第二年10月间陆续被释放。

“回家!”张嫦等人兴奋而忐忑地寻找游击队，盼望及早归队。在敌我犬牙交错的“丛林”生态环境里，甄别是对组织对革命的必要保护。这批坐了一年半监牢的游击队员不得不被自己人反复询问、审查、考验——

“为什么你能活着回来?”面对审查人员的审问，张嫦真不知道怎样回答，只是反复表示：“我不是叛徒，请组织上调查。”

东纵指挥部领导告诉袁更张嫦出狱后的情况，袁更表示如果组织上审查她没有政治问题，他们还是夫妻。负责人提醒他，要有敌情观念，为了东纵，也为了你个人前途，你不要理会她。

1944年年初，袁更被调派到护航大队，后因大队长刘培负伤，由他担任代理大队长。他和政委曾源等人，带领这支海上游击队，打了几次硬仗、胜仗。此时的护航大队，部队已从100多人发展至500余人，有七八艘机帆船，保障了海上游击队来往港澳与内地的海上交通运输，控制住两个半岛并建立了民主政权。

组织上派人把张嫦送到护航大队驻地，袁更正在午睡，警卫员不认识她，请她在外面等候。她误以为是袁更故意怠慢她，感觉到内心受伤。

1944年5月，袁更调至东纵司令部工作。6月临时抽调到大鹏半岛指挥当地部队。8月，任联络处处长。他居无定所，来去无踪。张嫦不知道袁更去了哪里，为了找到他，守在联络处所在的朱明洞外，眼巴巴地等袁更回来。有一次，好不容易等到袁更走进朱明洞，一句“你来干什么?”就把她镇住了。按理来说，他说得没有错。此处是机密重地，她不该来这里。但是，她觉得这是热脸贴冷屁股，是骨子里对她不信任，是对她人格的践踏。她没有任何反击的利器，唯有的就是妇人骂街的本领。她见到袁更就吵、就骂。后来，凡是有女同志与袁更有接触，她会拍马向前，兴师问罪。不少女同胞怕惹是生非，都不敢与袁更聊天说笑，工作上的事也只能匆匆说几句就闪开走人。

中山大学在校生陈海仪投奔东纵，在袁更手下的情报处工作过。当袁张“欢喜冤家”的事成为东纵机关人员茶余饭后谈资的时候，她注意了好几个月，没有发现袁更与女同志有什么风流韵事。她觉得这不是两性间的情感问题，问袁更是不是不相信张嫦。

袁更坦陈：“是不相信她，如果是王柏，我信得过。”

1947年夏天，灵魂无所依托的张嫦找到了自己的真爱，心安了，神定了，通知袁更：“我们离婚吧！”

这段风波，把袁更挤到了谈婚色变的墙角，一度下决心一辈子不结婚。直到1952年要出国的时候，才与本单位一位女同志缔结秦晋之好。

人到晚年，袁庚事业有成，家庭和睦，妻贤子孝。2006年，他反思与张嫦的这段婚姻，对笔者说：“张基本上是个好同志。由于家庭出身和家庭影响，她母亲是商人的小老婆，她最忌讳小老婆，痛恨自己的爱人乱搞关系。

婚后我们的感情是很好的，就是她出狱后，情况变化了。我对她照顾帮助不够，对她多疑、狭隘、小心眼等缺点看得过分（重）一点。我是有责任的。”

20世纪90年代，生活在外地的张嫦疾病缠身，深感来日无多。有一日，她对丈夫说：我想见袁更一面，恐怕身体不允许，你能不能去找找他，请他送我一张照片，让我最后看他一眼——

她丈夫也是老革命、老党员，是地方领导，重情重义。他借开会机会到香港招商局，找到袁庚，实话告诉他，张嫦至今还牵挂着他。

让笔者甚感意外的是，“红二代”竟然能够理解在艰苦战争年代父母之间的合与分、聚与散的喜与悲，理解并珍惜战火下绽放的人性之花。袁庚儿子袁中印、张嫦与第二任丈夫所生的儿子熊海波都会坦然地面对昨日的时光。2016年夏天，笔者拍摄六集传记纪录片《袁庚传奇》，张嫦儿子熊海波对着镜头，讲述母亲对第一任丈夫袁更的牵挂：“我妈妈其实她一直，一直想袁庚。因为她和袁庚的生活我们没有了解，但是，我想，应该是很快乐的，虽然时间很短暂，最后，我妈妈永远都忘不了。”

“美国特务”

“美国特务”是袁庚1968年4月6日被捕时，康生一伙为他“量身定制”的罪名。罗织罪名的依据是，袁更在担任联络处处长期间，与美帝国主义暗通款曲，输送情报。

1941年12月7日，太平洋战争爆发。12月8日，美、英对日宣战。12月9日，中国正式对日、意、德宣战，成为世界反法西斯同盟的重要组成部分。1943年12月2日，广东各地游击队合并，正式更名为广东人民抗日游击队东江纵队，对外宣布：东纵是一支由中国共产党领导的抗日武装。同时，东纵成为全球反法西斯战争史上一支不可小觑的力量。

在日军占领香港后，东纵极力营救出一批被困香港的知名人士及民主人士，也营救出一批英军军官等国际友

1941年年底，游击队开辟出一条地下航道，打通了内地与香港新界之间的水上交通，秘密运送药品。1942年利用这条航道，袁庚和他的战友们从日本人眼皮底下营救出因香港沦陷而遭受日军逮捕的800多名爱国民主人士及盟军士兵和国际友人，其中包括何香凝、柳亚子、胡蝶等各界精英，这场闻名中外的“省港大营救”被茅盾先生称为“抗战以来最伟大的抢救工作”。图为广东人民抗日游击队东江纵队旧照

人。其后，东纵与英军驻华机构开展援救盟军人员、互通军事情报的合作。战后，1946年2月，英军驻华机构指挥官致函东纵，由衷地说："如果没有你们的帮助，我们是不会做出什么工作来的。"

东纵与英军的情报合作引起了美军的高度重视。1944年2月间，美军驻重庆高级顾问史迪威将军与中共重庆办事处周恩来协商，希望派观察组到中共抗日根据地开展合作事宜。

是年八九月间，东纵司令员曾生找袁更和吴庚谈话，告诉他们党中央指定东纵成立一个联络处，是全国要成立的7个联络处之一。任务是搜集广东日伪军战略情报，除供中央作全面反攻参考之外，还向美军提供情报，以配合他们对日作战，并指令，这个处由袁更负责，吴庚协助。先在参谋部抽一两个人搭起架子来，以后再扩大。后来，他又与袁更单独谈话，说吴庚历史上有些情况，但很有能力，要尊重他；工作主要由你抓起来。联络处就是战略情报处，任务单一、明确，专门搜集侵华日军情报，不收集友军（国民党部队）情报，成品不通报，不下达，无论情报价值大小，时效如何，一律仅报曾生司令员处理。

王柏与袁更离开地方到游击队工作后，王柏曾经断言

1942年开始，广东人民抗日游击队从香港日军的严密控制下，抢救出文化界以及民主人士800余人，并护送他们到达大后方

日军搜查过往民众以及民主人士

“十二月九日，周恩来同志又急电廖承志等同志，对有关人员撤离香港的路线作了明确的指示：除了去广州湾、东江外，马来西亚亦可去一些；如去琼崖与东江游击区则更好。到游击区的人员，即转入内地，可先到桂林。”

香港沦陷后，袁庚所在的港九大队开展营救英军人员和国际友人的工作。图为英军战地医院赖特上校脱险后合影

袁更是搞情报工作的好手，说他机敏、睿智、慎言。机敏是说他聪明、灵活，总是有办法。睿智，是认为他发现、分析、判断事物绝不拖泥带水，去伪存真能力强。至于慎言，别看他平日里多半说说笑笑，嘻嘻哈哈，甚至快言快语，但他特别“鬼”，不该说的话，尤其是牵涉机密的事，他绝对守口如瓶。

东纵一个新的部门运作起来了。

谁也不懂得怎样搞情报，特别是获取战略情报。开初，从思想指导到方法上基本还是部队侦察员那一套。

10月7日，美军欧戴义少校的观察组抵达东纵驻地。10月9日，东纵请示中共中央，毛泽东当即在请示电上批复：“抄周（恩来），弼（任弼时），刘（少奇），彭（德怀），朱（德），叶（剑英），请周复。”10月13日，中央复电同意。11月初，中央再次同意东纵“目前由袁更同志负责筹备联络处”的请示报告，在东纵设立联络处作为特别情报部门，正式任命袁更为联络处处长。袁更开始主管珠江三角洲和广东沿海敌占区的情报工作，同时负责与欧戴义联络，交换日军情报。

在东纵司令部机关转移途中，曾生在惠阳县的新圩举行了生动而朴素的欢迎宴会，把袁更和首席翻译官黄作

被东江纵队港九大队营救出的美国空军中尉克尔。“1944年2月间，美国盟邦空袭日军占领的香港启德机场。战斗中，美国第十四航空队中尉飞行员克尔驾驶的战机，被日军高射炮火击中，克尔被迫跳伞逃生，被东江纵队港九大队‘小鬼队’营救，藏匿于九龙一个山洞里，躲过日军一次次搜捕，最后辗转护送到广西桂林。”可以说，克尔被救是后来美军与东纵进行情报合作的起因之一

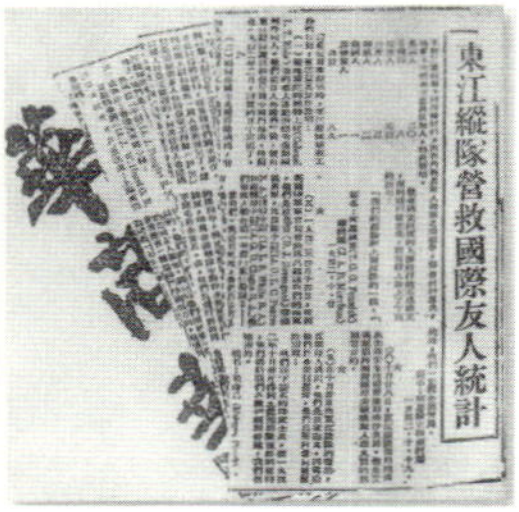
東江縱隊營救國際友人統計

1946年2月19日，香港《华商报》介绍东江纵队营救国际盟军及友人简况

梅、东纵司令部敌工科林展女士，正式介绍给欧氏。由此，东纵开始了与盟军一年多的情报合作。

袁更领导的情报机构，从补充投奔东纵的中大学生开始，迅速扩大，最后情报人员发展到200多人。情报网点纵横交错，从香港到广州，从潮汕到珠江西岸的整个日占区均为东江纵队所渗透——

据材料显示，东纵联络处向盟军提供了日军在广州天河、香港启德、宝安西乡南头等机场图例和说明，日军太古船坞建造计划图，日军常驻香港炮舰及补给舰活动规律和泊位，日军华南舰队密码，日军神风特功队K2飞机图纸，广九沿线日军工事图，香港日军海防图等大量重要的军事情报。联络处率先探查到日军精锐兵团神秘失踪的动向及意图，对第二次世界大战的结束产生了影响。

日寇有一支王牌部队“129师团波雷部队”，武器精良，战斗力非常强。1944年衡阳战役，波雷部队疯狂杀戮，国民党守军伤亡惨重。这支精锐而凶残之师攻陷衡阳后，袁更获得的情报是，波雷部队突然失踪了，去向不明。盟军每天用三架电台，形成交叉信号监听，追踪这支部队的动向，结果一无所获。

就在这个时候，盟军进行的“逐岛反攻”计划（逐步

欧戴义。“陈纳德向华盛顿请示，美方表示同意要求与东江纵队的合作。东江纵队请示中共中央，延安也复电同意。美国派出以欧戴义少校为组长的观察组到东江纵队。东江纵队为此建立了一个联络处，由袁庚任处长。”

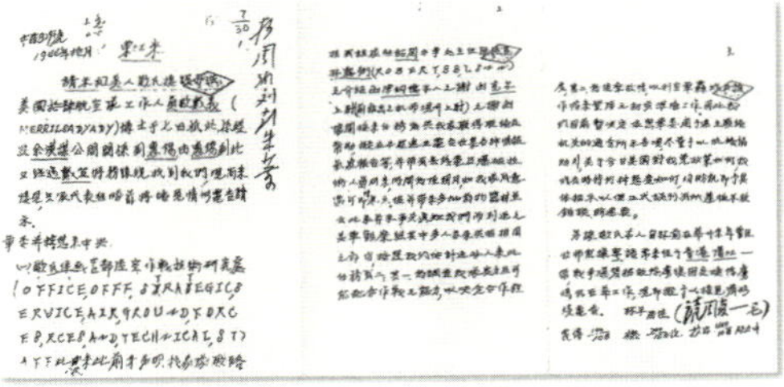

东江纵队向军委请示与欧戴义接洽的方法

由太平洋向日本本土推进）付出惨重代价，立即调整战略，拟从被日军占领的中国东南沿海登陆，建立战略反攻基地，对日本本土进行大规模战略轰炸，迫使日军尽快投降。在西线，1944年6月6日，盟军在法国诺曼底成功登陆，顺利地开辟了欧洲第二战场。

1945年3月9日，美军海军上尉甘兹带着陈纳德将军的介绍信和6名工作人员来到东纵，拟在惠阳大亚湾或汕头沿海选择美军登陆的滩头阵地。惠阳联络处派遣小分队，随同惠阳情报站站长刘立等人协助美方在大亚湾沿海测量，准备盟军登陆的资料。此时，原中山大学学生王康的情报小组将新发现的日军在汕头沿海和东山岛构筑的洞穴工事绘制成图，上报袁更，袁更上呈曾生，再转交美方。美军确认这种工事和日军在太平洋塞班岛上的工事完全一样。接着，广州和东莞等地的情报人员获得“波雷”部队的番号，获悉波雷部队关闭电台，昼伏夜行，从衡阳一路南下秘密抵达广东沿海布防。

东纵及时将敌情呈报党中央和盟军。盟军得到东纵准确的情报，决定避开日军的精锐之师，转而选择中国北方的连云港登陆。美英当局为加快战争的结束，改变了原先的战略计划，决定直接向日本本土投掷原子弹。原拟定华

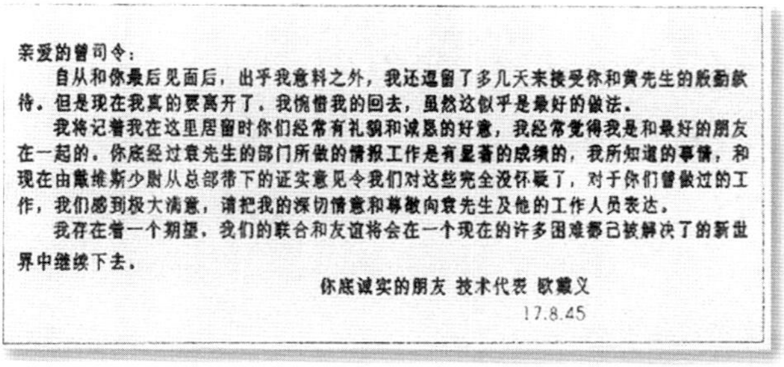

亲爱的曾司令：

自从和你最后见面后，出乎我意料之外，我还逗留了多几天来接受你和黄先生的殷勤款待。但是现在我真的要离开了。我惋惜我的回去，虽然这似乎是最好的做法。

我将记着我在这里居留时你们经常有礼貌和诚恳的好意，我经常觉得我是和最好的朋友在一起的。你底经过袁先生的部门所做的情报工作是有显著的成绩的，我所知道的事情，和现在由戴维斯少尉从总部带下的证实意见令我们对这些完全没怀疑了，对于你们曾做过的工作，我们感到极大满意，请把我的深切情意和尊敬向袁先生及他的工作人员表达。

我存在着一个期望，我们的联合和友谊将会在一个现在的许多困难都已被解决了的新世界中继续下去。

你底诚实的朋友 技术代表 欧戴义

17.8.45

1945年8月17日，美方情报代表欧戴义给曾生和袁庚的感谢信

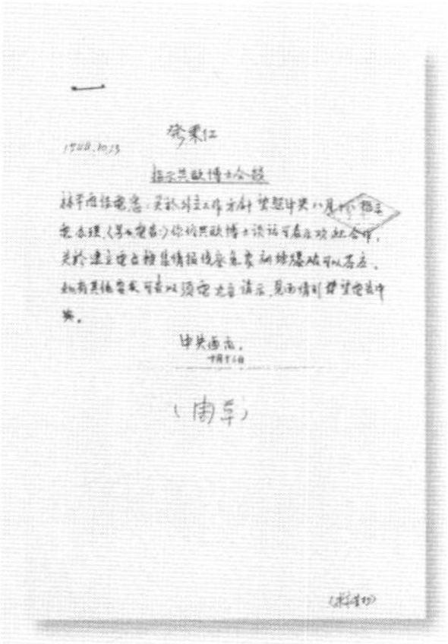

中央指示东江纵队与欧戴义博士会谈的电文

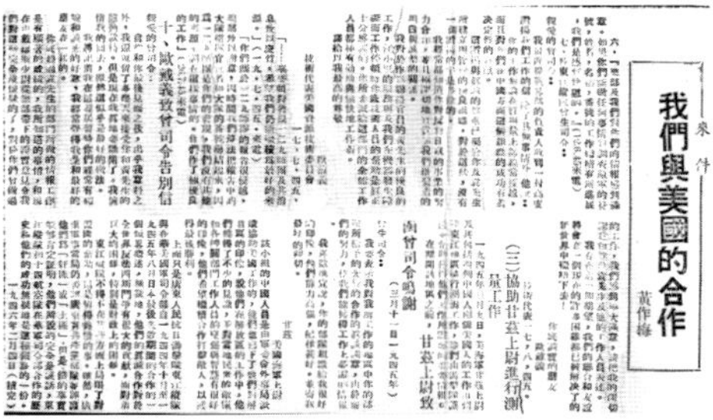
我們與美國的合作
黃作梅

1946年2月28日，香港《华商报》刊登黄作梅的文章——《我们与美国的合作》

南登陆的计划，现封存在五角大楼的档案中。

美军对东纵的情报工作评价很高，盛赞联络处是“美军在东南中国最重要之情报站”。陈纳德将军与欧戴义多次致函曾生司令，称赞“你们经过袁先生部门所做的情报工作是有着显著的成绩的”（1945年8月17日函），“对于你们曾做过的工作，我们感到极大满意，请把我的深切谢意和尊敬向袁先生及他的工作人员表达”（1945年8月17日电），特别强调“华盛顿对发现129师团及其消息致以祝贺”。后来，杜鲁门接替逝世的罗斯福担任美国总统，对华政策改为扶蒋反共，反诬共产党“不抗日”，“争地盘”。中央有关部门在1946年2月19日，将东纵与美军合作情报及美军感谢信等材料，刊登在香港《华商报》上，

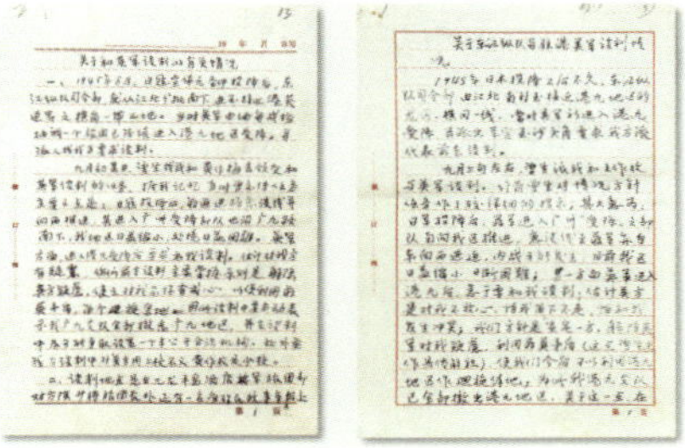

袁庚关于与英军谈判的回忆材料

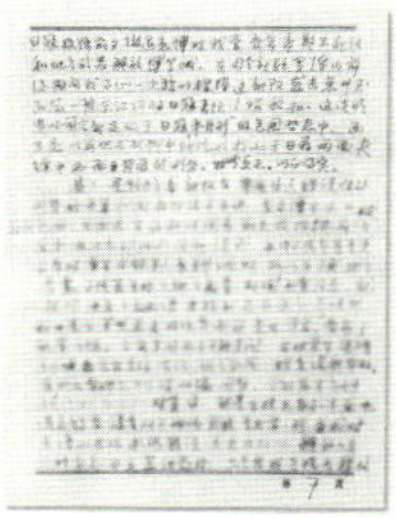

袁庚关于东江纵队经历的回忆文稿

以正视听。

1987年，香港招商局常务副董事长、深圳蛇口工业区管理委员会主任袁庚访美，接受美国邀请参加于美国费城举行的宪法起草200周年纪念典礼。美方在会上介绍他，并授予一面褒奖牌，感谢他在第二次世界大战期间所做出的贡献。

随着二战的结束，东纵与盟国的情报合作也画上句号。在香港重光的善后工作中，袁更代表东纵与英军有一段短期的合作。

日军侵占香港，控制九龙半岛后，即放假3天，放任日本兵奸淫、烧杀、抢掠。东纵港九大队在极端困苦的条件下，在3年又8个月的漫漫长夜里，单独抗击日军，在港九新界离岛建立了地方政权。日本投降后，港九大队奉命撤离九龙半岛。英军接管之初，兵力不足，希望港九大队暂缓撤离，协助维持治安，因而急切会见东纵代表。东纵请示中央同意委派袁更为上校首席代表，与黄作梅前往香港，与英军夏少将谈判。谈判中，袁更表示改变港九大队撤离的命令已不可能，但东纵可以帮助英方与港九乡村地方自卫武装接头，请他们协助维持地方治安。并就港九大队的撤离、港九大队单独抗击日军伤亡抚恤等善后事宜，提出设立办事机构进行处理。

1945年9月，袁更选择弥敦道172号二、三楼作为办事处，对外称东江纵队驻港办事处，袁更任办事处主任。在与港英当局谈判达成的协议中，第四条是：港英当局“同意并帮助中共在香港设立秘密电台。”东纵情报人员每晚收录延安电讯，白天由交通员送往有关部门。东纵北撤后，1947年5月，新华社香港分社公开挂牌成立，电台也合并过去，第一任社长是乔冠华，东纵办事处即为新华社香港分社所在地。乔冠华北上后，由袁更亲密战友黄作梅接任。

在1955年的“克什米尔公主号”事件中，黄作梅不幸遇难牺牲。

他出身黄埔军校，打过仗，淮海战役、济南战役都打过。更难得的是，他曾经是护航大队代大队长，有海上作战经验，还有外交斗争经验，他当过外交官，在我驻印尼大使馆工作过，有与印尼进行交涉的经历。

第三章

特殊岁月

1946年，东江纵队根据中央指令，计划奔赴华北。5月，在头年11月已从香港调回东纵指挥部的袁更，被临时抽调至东纵北撤筹备组工作。在随部队北撤至山东烟台后，入华东军政大学学习，1947年5月结业，被分配到三野二纵四师参谋处见习，名义为参谋处副处长，参与了南麻临朐战役和昌（平）潍（坊）战役。两广纵队于1947年成立，袁更任纵队侦察科长，后为作战科长，参加济南战役、淮海战役。随后，率两广纵队炮兵团解放广东沿海岛屿。1949年11月，在解放大铲岛，准备拿下三门岛之前，奉调至军委联络部参加武官班受训。1950年4月至次年5月，作为陈赓将军、韦国清将军率领的军事顾问团成员参加援越抗法斗争，是胡志明的情报与炮兵顾问。1951年5月奉调回国，在中共中央调查部工作。

20世纪50年代初，袁庚出国护照上的证件标准像。在这本护照上，工作人员误将袁更的“更”字写成了“庚”。1949年11月，袁庚被调往中央军情部参加武官班受训。次年，作为情报与炮兵顾问，奔赴越南援越。1952年8月，外派印度尼西亚任中华人民共和国驻雅加达领事。1955年4月，周恩来总理赴雅加达参加“亚非会议”期间，袁庚负责情报组织工作

1950年5月，袁庚以胡志明主席的情报和炮兵顾问的身份参加越南高平战役。图为袁庚（中立穿白衣者）与越南人民军指战员合影

风雨同舟

战争年代从军打仗生死未卜，在与张嫦分手之后，袁庚对“婚姻”二字有点心灰意冷。进入和平年代，虽然在隐蔽的战场依旧是枕戈待旦，但月白风清的日子渐多，如果遇到一个心仪的女性，袁庚心如古井的深处不会泛起波澜吗？

然而，严酷的事实是，在围墙外面的人看来，神秘且如特工007走遍天下的中国情报机关工作人员，偏偏最是婚姻不自由。

为了国家的利益与民族的安康，军委联络部必须牺牲一些个人利益，比如在婚姻方面就会受到诸多约束。你可以自由谈恋爱，但你的自由仅限于在联络部这个圈子内部，比如你是营级以上干部，女方须年满23岁，诸如此类，在纪律面前实现你的两情相悦。

幸好幸好，汪宗谦款款地走进了联络部大院。

汪宗谦是杭州女子，山清水秀养美人，按现在的网络语言，汪宗谦是“白富美”，除了“富”不足以外，她绝对是温柔秀雅。她家四姐妹，她是老大。作为青年学生，被联络部招进青年培训班学习。培训班离袁庚的住处很近，来来往往的，两人仅仅是点头之交。他们是“黑白双星”，女的带着人间天堂的清风明月，男的则是穿过生死战场的月黑风高。恰恰这个时候，联络部干部局局长杜长天来了个“拉郎配”，把这两个人撮合到了一起。

1951年冬天，组织出面向汪宗谦介绍袁庚：“袁庚政治可靠，家庭成分好。”

汪宗谦向来相信组织，即便因她“颜值高”，在联络部内追求者甚众，甚至有几个官员追她追得很厉害，她也没有自由地挑选一个。她听从组织的安排，现在组织上说这个人可靠，那他一定是个靠得住的人。

从点头之交到正式接触，汪宗谦觉得袁庚对人热情，平易近人。她还想到，她是杭州人，袁庚是广东人，大家都是南方人，今后容易合得来。她便常常到袁庚住的地方去找他，两个人很谈得来，由谈得来变成谈得拢，就有了

袁庚和夫人汪宗谦

两情相悦的意思。袁庚奉调回国，参加联络部高干班学习，听苏联情报官员讲课。他35岁，汪宗谦26岁那年，1952年9月17日，在袁庚与汪宗谦合署呈报结婚报告得到批准之后，袁庚已被外派，担任中华人民共和国驻印度尼西亚雅加达领事即将启程之时，趁着这天是周六，大家有些空闲的时候，袁汪二人举办了简朴的婚礼。汪母从杭州赶过来看他们，对女儿说："你怎么找了个又黑又瘦，像鸦片鬼一样的丈夫?"

与袁庚完婚，意味着汪宗谦与风云为伍。

刚刚结婚，袁庚就像一阵轻风飘到了印尼担任领事之职，汪宗谦进入中国人民大学学习。婚后第二年，根据组织的安排，汪宗谦随夫君在雅加达居住，改行在使馆从事文秘及资料工作。她不断地跟着袁庚调动工作，跟风随云，北京—雅加达—北京—山东—北京—香港—深圳。

"文革"中，中调部造反派罗织罪名，在康生的"钦点"下，袁庚背负"美国特务"之名，于1968年4月6日被捕关进秦城监狱。"反革命家属"汪宗谦被发配到山东干校，从事繁重的体力劳动。造反派和专案组还不断向她施压，告诫她转变阶级立场，揭发袁庚罪行。在每一次威逼面前，她都告诉那些人："我是由干部局局长介绍，才认识袁庚的。组织上比我更了解他。你们现在说他是美国特务，我不知道。现在我还要请问领导，为什么要介绍一个特务给我当丈夫哩!”

风云不再流转，4年多了，也不知袁庚被“冻结”在什么地方。汪宗谦请假回北京，为寄养在北京妹妹家的儿子上山下乡做些准备，更多的时间是顶着漫天的大雪到国防部、国务院、中央办公厅等信访部门递送查问丈夫下落的报告。直到请假期限结束，她也没有打听到袁庚被关押在何处。

1972年夏天，中央三办的工作人员从北京到山东，通知汪宗谦回北京看望袁庚，在北京城北燕山脚下的秦城监狱，匆匆赶来的汪宗谦终于见到了4年来吉凶未卜的丈夫。袁庚身穿囚服，剃着光头，被折磨得形销骨立。

她强忍住泪水，告诉丈夫孩子们都好，已经变得木讷的袁庚对她只说了一句话：“你要经得住考验。”

第二次探监的时候，三办人员力劝她带孩子去，说袁庚想孩子。这个坚强的女性一听这话，就哭了。在她多次要求之下，三办同意她和孩子们可以一个月探一次监。

袁庚身陷囹圄，前后共5年半，20多次，写了近10万字的“交代”和申诉材料。此外，他向周恩来总理和叶剑

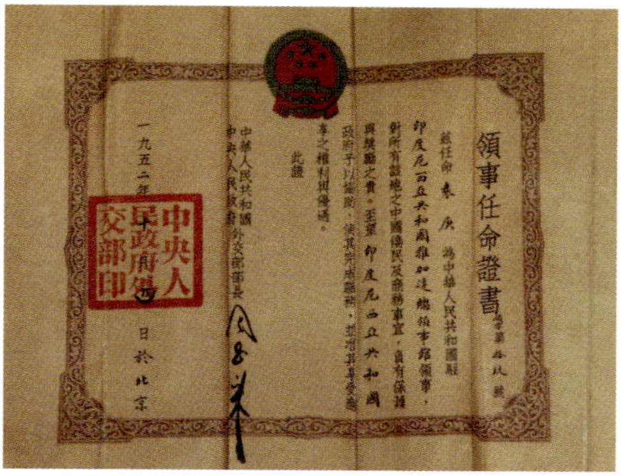

領事任命證書

兹任命 袁庚 為中華人民共和國駐印度尼西亞共和國雅加達總領事館領事，對所有該地之中國僑民及商務事宜，負有保護與照顧之責。至望 印度尼西亞共和國政府予以承認，使其行使職務，並增其享受應享之權利與便利。

此證

中華人民共和國中央人民政府外交部部長 周恩來

一九五二年十月四日於北京

中央人民政府外交部印

1952 年，袁庚赴任中华人民共和国驻雅加达总领事馆领事的任命书

1955 年，袁庚在印尼雅加达总领事馆工作照片

英写信求助，被专案组压在档案里。汪宗谦第三次探监时，袁庚就将用厕所里的草纸书写成的申述材料，偷偷塞进妻子的袖管里，叮嘱妻子替他申冤。汪宗谦把这些信带出来，像病急乱投医的患者，向多个“衙门”寄送。在周总理的过问下，因心脏病与高血压而病倒在监狱医院里的袁庚，于1973年9月30日，被释放回家。

在被单独关押长达5年零5个月的漫长日子里，看守人员为了方便监视他，每晚只允许他脸对着门侧身而睡。5年下来，他被折磨得一条腿粗，一条腿细。长年不说话，平日里能说会道的人，已经说不成话了。汪宗谦成了他的理疗师，每日里扶着他一步一步学走路，一句一句教他说话。她陪他上医院看病，独自一人带着小马扎一大早就到药店门口排队等候开门拣中药。

等到袁庚复出，等到袁庚全身心投入改革开放的攻坚战，因为忙，已经顾不上她了。她要工作，又要照顾3个儿女，身体也不太好，却从不向袁庚提出什么个人或家庭要求。

她不后悔。1994年1月，她曾对采访她的记者说：“我很佩服这个同志的精神。好多被冤枉坐过牢、受过苦的同志，出狱后都心灰意冷，什么事也不想做了。袁庚却不一

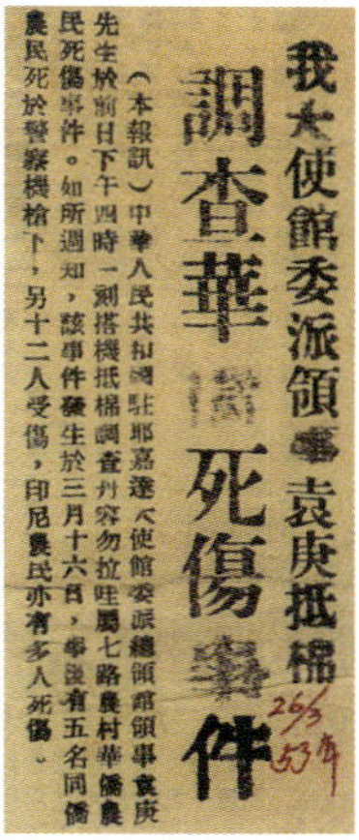

我大使館委派領事袁庚抵棉

調查華僑死傷事件

（本報訊）中華人民共和國駐耶嘉達大使館委派總領館領事袁庚先生於前日下午四時一刻搭機抵棉調查丹容勿拉哇圖七路農村華僑農民死傷事件。如所週知，該事件發生於三月十六日，事後有五名同僑農民死於警察機槍下，另十二人受傷，印尼農民亦有多人死傷。

26/3 53年

1953 年 3 月 28 日，袁庚抵达印尼丹绒勿拉哇慰问难侨家属，处理造成多名华侨死伤的印尼“丹绒勿拉哇事件”。图为当时报纸的报道

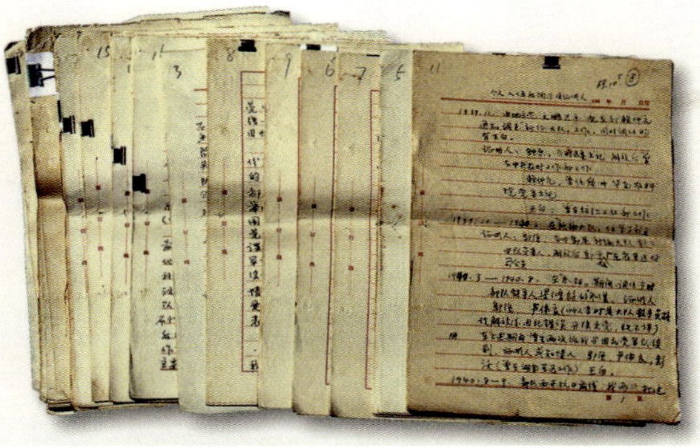

关押期间，专案组要求袁庚写的关于二战期间“中美情报合作”的交代材料

样，还没等有病又有伤的身体完全复原，就又干起工作来了。”

有一个能这样理解自己、欣赏自己的夫人，“开弓没有回头箭”的袁庚自然没有后顾之忧。

光华轮接侨

1965年8月，袁庚被抽调至河北省定兴县五里窑公社参加“四清运动”，随后继续战斗在看不见的战线。这段时间，虽然仍然忙碌，但相对而言，在北京时间居多，在家的日子也较多，有些时间与汪宗谦、儿子袁中印，女儿袁尼亚、袁小夏相处、交流，享受亲情之乐。

袁庚曾在印度尼西亚工作、生活长达7年，对千岛之国是有感情的，这从他给儿女取的名字就可以看出来。进入20世纪60年代以来，印尼的局势让袁庚甚为揪心。

袁庚在雅加达工作期间，对印尼华人状况作了深入的了解。1945年印尼获得独立，成立印尼联邦共和国。此时，华人已达200万左右。早在秦汉时期，即有东南沿海汉人南下印尼。在印尼的绝大多数华人是晚清以后，从福建、广东几次大迁徙过去的。华人在印尼的生活条件极其艰苦。经过几代人含辛茹苦的奋斗，先是从事捕鱼业、采矿业，后逐步进入商业、服务业、制造业、金融业等产业，为印尼的经济和社会发展做出了卓越的贡献。令人遗憾的是，1965年9月30日，印尼陆军少将策动军事政变，指责中国是印尼共产党的幕后支持者，对华人大开杀戒。印尼反华事件，直到现在都是印尼国内的禁区。近来，有印尼民间学术团体冲破禁锢，就1965年反华事件进行研讨、反思。20世纪60年代反华事件中，苏哈托的暴行受到全世界同声谴责，中国政府也提出强烈抗议。

1966年5月，山雨欲来风满楼。5月16日，中央政治局扩大会议通过了《中国共产党中央委员会通知》，简称“五一六通知”，是“文革”十年灾难的纲领性文件。5月18日，中国政府照会印尼当局，中国决定派船接运难侨归国。6月，外办、侨委、外交部、交通部等单位组建接侨办公室。让袁庚感到意外的是，他并不属于那些单位或部门，却被抽调到由廖承志领衔的接侨办工作，被指派为接侨小组长兼接侨船光华轮党委书记，具体负责接侨事宜。党委副书记是广州远洋公司经理郭玉俊。

外事系统那么多俊才，为什么选他？袁庚首先想到的

袁庚（前排左二）在印尼接侨

袁庚和我国侨胞在一起

袁庚向侨胞宣讲我国的接侨政策

是他的政治立场，他的党性原则。当然，这个人还要有军事斗争经验。他出身军校，打过仗，淮海战役、济南战役都打过。更难得的是，他曾经是护航大队代大队长，有海上作战经验。还要有外交斗争经验，他当过外交官，在中国驻印尼大使馆工作过，有与印尼进行交涉的经历。华侨大多数是客家人，他也是客家人，语言沟通没有问题。一大堆条件，他都符合。他做什么事家里人都不知道的。直到报纸刊登光华轮接侨归来的消息，儿女们才知道他“失踪”的个中原委。

袁中印奇怪，为什么选调查部的人去搞侨务工作？

袁庚很自豪地对他说：“当然是我。”

远洋客轮“光华号”静静地停泊在黄埔港码头上。浅绿与纯白相间的船体，给人宁静与安详的感觉。

6月间，袁庚登上光华轮，内心感慨万千。中华人民共和国成立之初，竟然没有一艘远洋客轮。1960年年初，当中国外交部部长陈毅向印尼表示，中国准备“把在印尼流离失所或者不愿继续居留的华侨接回”的时候，不得不向“老大哥”苏联租用客轮接侨，不得不承受苛刻的条件、高昂的费用。中国政府辗转向希腊购买退役商船，在广州修理、改造，更名为光华轮，“光我中华”之意，成

袁庚（后排左三）参加接侨工作，在光华轮上与工作人员合影

袁庚（后排右三）参加接侨工作，在光华轮上与工作人员合影

为中华人民共和国第一艘远洋客轮。1961年4月用于接侨，前后从印尼撤出6万同胞。

接侨小组共有12名成员，特点有“三多”：专才多，外交、远航、军事、医疗、救护各方面的人才都有；印尼华侨多，新华社、中新社两名记者都是印尼归国华侨；年轻人多。袁庚49岁，属于“老字号”。为了我方人员及归侨的人身安全，船员换成海军临时客串，是从北海舰队抽调过来的排级以上干部。还有一支医护队伍，总共300多人。全船人都喊袁庚为“袁政委”。

此去风波险恶。袁庚组织大家进行政治学习，按照中央指示，学习“五一六通知”，学习《毛泽东选集》。在动员誓师大会上，廖承志鼓励男儿定当准备马革裹尸还。袁庚强调人最危险最有可能的是在床上“寿终正寝”，死于船上的人少而又少。青年人情绪高昂，直呼当年的流行语“下定决心，不怕牺牲，排除万难去争取胜利”。

军事训练也极其严格。出发前，接侨小组每天跟着海军在珠江练习游泳，逼近50岁的袁庚也不例外。袁庚跟着海军训练，一同游它个一万米。年轻人更不示弱，一个个成为浪里白条。他们还学习机关枪射击，以备必要时能自救、反击。

史无前例的“文革”的风暴刮进了光华轮，在30多名工作人员中突然窜出两名青年，其中一个还是船员，高喊要起来造反。袁庚以接侨事关重大，我们战斗在外交与侨办第一线，一切行动听指挥，容不得七嘴八舌，坚决而礼貌地把两个“小将”送下了光华轮。

印尼政府并不配合我方接侨，一直等到当年9月中旬，光华轮才获准开船。9月11日，上午10点，一声汽笛在黄埔港拉响，光华轮驶出珠江口，一路向南，驶向印尼棉兰勿拉湾。

光华轮驶出公海后不久，遇到了在越南作战的美国空军，低空飞行，连续盘旋，他们驾驶员的面目，袁庚都看得一清二楚。袁庚在驾驶舱号召大家：党和人民考验我们的时刻到了，不要怕，拿起枪来准备战斗。此时，光华轮全面进入战备状态，铃声一响，各就各位，拿起原来制定的武器做好准备。这时，袁庚说，我们绝不开第一枪，他如果要开枪，扔了炸弹，大家全部对准他把他打下来。到了公海最远的时候，美国的一艘航空母舰横在光华轮的面前，又是一个巨大的考验。袁庚在驾驶舱讲话：美帝国主义就在我们面前，我们不改变航向，全速前进冲向敌人，宁可同归于尽，炸弹的按钮也在我的手上，撞上去我们就炸掉它，我们就要为国捐躯全部死掉。

“袁政委下令我们准备为国牺牲了。有几个胆小鬼，吓得不敢动了。他还是在驾驶台以充满号召力的讲话，鼓舞大家不要怕，拿起枪杆子跟敌人斗，跟船长讲，不要改变航向。全速前进撞上敌人的航空母舰。快到了，大概到了距航空母舰三五百米的时候，他们掉头了，我们胜利了。”2016年的麦收时节，笔者在香港上环信德中心巴拉哥集团总部，因拍摄《袁庚传奇》采访刘俊成。他已经73岁了，谈起这段接侨经历，依然记忆犹新，唏嘘不已。这位光华轮上的机舱代表，当年仅有26岁，四趟接侨，旅程艰险，他见识了袁庚的刚强与果敢。

从最坏的情况考虑，船抵棉兰无法补充淡水，袁庚要求所有工作人员必须节约用水，在去程尽量少洗澡或不洗澡，让华侨同胞在返航归国途中有足够的水用，每天都可以冲凉洗澡。

9月22日，光华轮到达印尼棉兰勿拉湾港附近的抛锚地，袁庚下令，不让船进港，向印尼方面施压。他的斗争艺术是非常巧妙的，在那里泡了半个月，直到印尼方面允许光华轮进港，他还让光华轮在抛锚地停了几天，施压印尼接受我们的谈判条件。这就是对外斗争里很重要的一

接侨时进入难民营慰问侨民

归国侨民在毛泽东同志旧居前合影

袁庚（右二）与接侨工作人员进入华侨小学慰问

招。袁庚与他的工作组抓住了对方迫切要甩开华侨的特点，就根据这个特点，来进行接侨斗争谈判。

船一靠岸，形势险峻。森林里有大炮虎视眈眈，海上有军舰，陆地上都是全副武装的军人。准备上岸的时候，印尼军方用刺刀把袁庚与两名随行战士的外交护照挑走。袁庚无所畏惧，昂首阔步走下船。梯口上全是印尼军人，刺刀交叉横在袁庚头顶的上方，袁庚手一挥，刺刀就收回去了。他迅速与等候在码头上的中国驻棉兰领事馆工作人员会合、商谈，互通情况。

袁庚的接侨小组跟随领事馆人员走进棉兰市内的华侨中学，印尼军人一路上远远地跟在他们后面。在不大的华侨中学内，1000多名难侨度日如年，等待祖国把他们接回家。袁庚亲切地看望他们，问长问短，问寒问暖。

印尼反动势力把苏门答腊岛亚齐地区的华侨逼赶到棉兰。许多人被扫地出门，财产被暴徒抢劫殆尽。逃到棉兰的华侨，一部分人要去台湾，台湾方面没有任何表示。愿意回祖国大陆的，我领事馆安排他们住在华侨中学等待候船回国。当看到袁庚来接他们回国，一个个激动万分，恨不得立即登上光华轮，早早离开他们曾经爱过，现在却欺凌、驱逐他们的地方。

袁庚（左一）在光华轮慰问刚出生的婴儿

归国侨胞安全回到祖国

袁庚心里也急，但有许多程序要走。经过反复交涉，中国驻棉兰领事馆确定的第一批难侨终于在10月3日下午获准离境。

1966年10月4日，中新社记者何耕新在光华轮发报室向中新社发出一则“光华轮消息”。该电讯称，“在克服了印度尼西亚政府为中国的接侨工作设置的重重障碍以后，在印度尼西亚滞留8天之久的中国政府接侨船光华轮，3日下午载着1005名受尽苦难的印度尼西亚华侨，从棉兰勿拉湾港胜利启航返国”。

“当天中午，受害华侨通过全副武装的印度尼西亚军人戒备森严的码头，开始陆续登上祖国的接侨船光华轮。这时，光华轮上五星红旗迎风招展，扩音器里播出庄严的《东方红》乐曲，身着白色海员服的中国船员们，在码头上和舷梯边扶老携幼，并把在印度尼西亚受折磨而患重病和造成残疾的侨胞用担架抬送上船。许多受害华侨登上祖国轮船后，齐集甲板，面向码头，热泪盈眶地振臂高呼：‘中华人民共和国万岁！——’”

至1967年5月，袁庚先后率领接侨小组往返印尼与中国，分4批，共运送近5000名难侨返国。每次满载侨胞的光华轮在印尼港口启航前，袁庚都会在甲板上向全体侨胞致欢迎辞。1966年11月24日被接上光华轮的印尼侨胞郑仙彩，当年19岁，在她62岁时，于2009年8月17日接受笔者采访，还清楚地记得43年前袁庚政委的讲话。随后，她把让她刻骨铭心终生不忘的袁庚讲话追记下来，邮寄给了笔者。

袁庚对登上光华轮仍旧惊魂不定的难侨说："我代表中华人民共和国政府、国务院、外交部及7亿祖国人民，热烈欢迎你们！你们已经冲破了重重艰难和障碍，战胜了法西斯敌人的迫害，终于回到了自己的祖国！踏上了祖国神圣的领土！现在你们乘坐的光华轮每一寸地方都代表着我们中国的每一寸土地，任何国家都不能随意侵犯！"

袁庚说："请侨胞们放心，我们在接受国务院、外交部的这项接侨任务后，就在全国精挑了一批精英，个个都精通战术，威武坚强。而现在在我们上空飞的只不过是不堪一击的纸老虎！"船上的吼声，把盘旋在上空一路跟踪远洋船只的美国空中侦察机吓跑了。侨胞们感到从未有过的兴奋和自豪。

袁庚说："为了这次的外交任务，我们国家为我们准备好了各种需要，包括物资和水——单单我们的汽水就足

运载难侨回家的光华轮。此番接侨得到广东省党政军民各界的大力支持。时任广东省副省长、广州市市长，原东江纵队司令员曾生，极力帮助袁庚接侨

以使我们每位侨胞当成手榴弹将他们击退……”

船离开印尼领海，驶向马六甲海峡。与郑仙彩同船归国的侨胞有2000多人，老幼妇孺占了相当数量，部分人开始晕船呕吐。

袁庚，还有林水龙、卢振琪等领导除了要处理突发的外交事务，应对海上、空中骚扰的船、机之外，还要巡视各个船舱，慰问、鼓励侨胞，用“下定决心，不怕牺牲，排除万难，去争取胜利”的毛主席语录教导大家战胜风浪。

1965年10月10日上午8点20分，光华轮经过7天7夜的航行，在广东湛江港泊岸。港口红旗招展，歌声嘹亮，侨胞们受到了热烈的欢迎。每个归侨都得到了一本红色塑料皮的《毛主席语录》。随后，他们被送往广东的华侨农场，学生们被送往学校，开始返归祖国后的生活。

光华轮经过检修、补给，半个月后又南下印尼。

1967年5月13日，光华轮运载第4批难侨抵达广州黄埔港。至此，历经一年半的撤侨行动结束。

囚室内外

袁庚圆满完成接侨任务回到北京，“文革”的风暴已把中共中央调查部大院内的精英横扫得七零八落，一大批出生入死居功至伟的谋臣良士被冠以叛徒、特务、内奸之名遭受牢狱之灾。

当社会上广泛散布“东江纵队”是叛徒、特务、土匪部队的谣言时，当时任广东省副省长、广州市市长，原东江纵队司令员曾生于1967年下半年被骗到北京而被秘密逮捕时，袁庚知道个人受难的日子就快到了。

《曾生回忆录》第736至737页：“特别是把当年在东江纵队司令部电台和联络处工作的杜襟南、戴机、袁庚、林展等同志，关押起来后，还抄了他们的家。逼令他们交代东江纵队向‘美帝国主义’‘出卖’了多少情报，并追查是谁布置他们这样干的。然而他们都是忠诚的革命同志，除了老实交代根据党中央指示进行的工作以外，还能‘交代’别的什么呢?”

袁庚被关在秦城监狱，住的是单间，6平方米左右，一张床，墙上有个小窗户，外面的人可以看到里面，里面的人看不到外面。有一个小便的地方。袁庚发现囚室内有一缕女人的长发。他出狱后才知道，在他之前，这间囚室关押过刘少奇的夫人王光美。在秦城，唯一可资安慰的是，隔两三天放一次风。在密闭的斗室关押两三天后，他可以看到高远的蓝天，品尝长城脚下吹过来的自由的风。

他不甘沉沦，在放风的时候，投入极大的精力从事蚂蚁行为学的研究。

在狱中，没有敌情让他分析，分析小蚂蚁总可以吧?先是在百无聊赖中发现蚂蚁从来没有什么悠闲，总是忙忙碌碌，快进快出，团队行动。他用棍棒把爬出洞穴的蚂蚁拨回洞穴内，心想这一拨弄，小小蚂蚁早就肝胆齐裂，四肢备受摧残，该会死在洞穴内，死有葬身之地嘛。岂料，受伤的蚂蚁跌跌撞撞地爬出洞穴，宁可壮烈牺牲在外头，抛尸荒野，决不让自己在死后还占据洞穴内的有限空间。他从口中省出一点馒头，放风的时候扔在地上。蚂蚁发现后，不会马上在那里吃，而是想办法发信号，等第二只、第三只蚂蚁来，大家都发信号，召唤同伴，然后把馒头碎屑抬下去。运输途中，不管多么艰险，蚁群绝不放弃，也没有一只说我累了饿了，我先吃一点填填肚子吧！没有。

他认为蚂蚁的团队精神、信任精神、合作精神是非常好的。他得出一个结论：如果有一天，世界上所有的动物都灭绝了，蚂蚁依然生存于世。

袁庚历经一年多反复审讯，据实写了逾10万字的书面材料。1969年基本结束审讯。1970年被告知组织上已了解他的问题，对他不是审讯，只是“审干”，今后主要任务是学习，等待组织结论，还鼓励他要“经得起组织考验和锻炼”。说是“审干”，依旧把他当作罪犯关押。

在多次交代中，袁庚回顾了他追随共产党参加革命的经历，应该是真实的。在一些地方，他陈述事实后，强调此事是某某领导的批示，而某某领导执行的是中央指令，这不是推卸责任，是实事求是，而且，从人性的角度，是可以理解的。在当时的语境下，他矮化自己，决不丑化自己。在检讨时，他始终坚守一条底线：事实，事实，第三还是事实。决不为了“过关”而向自己，更不向战友、领导人头上扣屎盆子。

笔者于2005年春天辞去香港《文汇报》工作，为作家出版社撰写《袁庚传：改革现场》，袁庚家人将组织上发还的袁庚10万字的申述、检查材料全部交付笔者，这批资料在笔者身边珍藏了十多年。2017年，袁庚家人将这批史料捐赠出去，现藏于招商局档案馆。反复展读袁庚的狱中交代，只读出“忠诚”与“无奈”。这批材料中，没有检举、揭发任何人的文字，只有对自己被审查问题的说明、解释、交代，还有必要的表白。

1973年3月21日，袁庚请专案组向周恩来总理和叶剑英元帅转呈一封信。信中，简述他1944年被任命东纵联络处处长，收集日军情报，提供给中央和盟军以配合对日作战的情况，并说：“我参党以来，从未脱离组织与群众监督，事事有据可查，此为专案组所详知。战争年代，不敢惜身保命；新中国成立后无论援越抗法，亚非会议情报、保卫工作，柬埔寨蒋特‘湘江案’大爆破的事前现场破获、‘文化大革命’开始四次赴印尼接侨斗争，都在党领导下，不敢知难而退。三十五年来虽屡错屡改，而无愧于心。”

两天后，专案组在信上盖上“中国人民解放军北京公安局军事管制委员会第七大队调查材料专用章”，签上

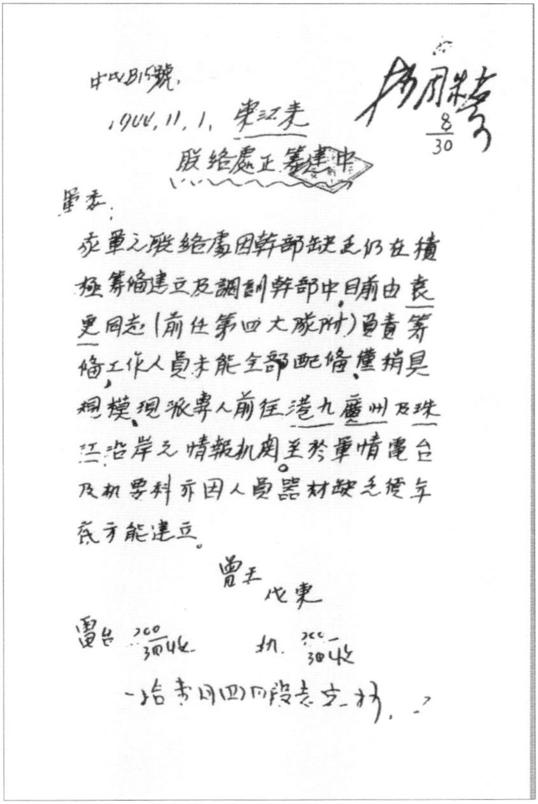

1944.11.1. 東江來

聯絡處正籌建中

軍委：

我軍之聯絡處因幹部缺乏仍在積極籌備建立及調訓幹部中。目前由袁更同志（前任第四大隊附）負責籌備工作。人員未能全部配備，擴展規模，現派專人前往港九、廣州及珠江沿岸之情報機關。至於軍情電台及机要科亦因人員器材缺乏，待年底方能建立。

曾王
代東

1944年11月，东江纵队关于筹建情报联络处给中央军委的报告。文件右上方为毛泽东亲笔批注。后来曾生被平反时，看到此件，百感交集，大哭一场。此件的复印件现存于招商局档案馆

“此材料专案组已阅”，压根不给你呈送，只是封存在袁庚的档案里。

1973年9月30日，就像不需任何法律手续逮捕他一样，也无需任何司法程序他就被释放回家。

1974年7月1日，袁庚再次向周总理，呈报自己“未做结论，未恢复政治待遇和组织生活；一如既往子女均受牵连。又由于长期除名，停发工资，冻结存款，至今靠借支治疗和生活”的现实状况，恳求“除求得以真相大白之外，望组织上赐予工作机会”。

周恩来在信上批示：“请三办复查。1974年。”

当政策落实，允许他工作之时，他没有像同时被“解放”出来的干部那样对迫害自己的人感恩戴德，没有高呼“无产阶级文化大革命万岁”，而是痛定思痛，对“文革”动乱的发生有所反思，对现行的机制有所思考。

当“文革”结束，开始查“三种人”（指在“文革”中追随林彪、江青反革命集团造反起家的人，帮派思想严重的人，打砸抢分子）的时候，袁庚收到中组部的一份协查通知。某省的一位副检察长曾是“三办”审查袁庚专案组负责人，并附上该人照片，请他确认此人是否具有“三种人”的劣迹。此人穷凶极恶，还在审讯时对他拳打脚踢。但他心胸开阔，放弃了指证。袁庚是以德报怨，网开一面吗？三十几年后，笔者采访他，追问不指证的原因，他在笔者的采访提纲上写道：“原因是自行车与汽车的立场不同。”

他想工作。原单位已将他除名，他不想也不可能“官复原职”。

他长期从事情报工作，做的许多事都是绝密的，怎么会因自己所做的工作而坐牢？4年以后，1979年1月下旬，袁庚收到中组部部长胡耀邦派他秘书宋扬之1月20日写来的一封信。他终于明白是什么人在整他。

袁庚同志：

据中央组织部编的《康生在文化大革命中点名诬陷的人名册》中有你的名字，耀邦同志着我摘抄给你。原文如下：

1968年3月28日在调查部业务领导小组报告上批示“此人问题极为严重，立即逮捕与曾生案一并审讯”。调查部报告上要求“停职接受审查”。

敬礼！

元月二十日

袁庚（右四）出狱后作为交通部外事局负责人接待瑞典交通大臣一行访问中国

袁庚（右一）陪同交通部副部长曾生访问英国

又过了4年，1982年4月，中央书记处书记习仲勋牵头中央直属机关的机构改革，对中共中央调查部新班子成员说，调查部在“文化大革命”中多灾多难，受苦很大。究其原因，他说，在延安时康生管过这个部，“文化大革命”中他更没有放过。[1]

袁庚在政治上尚无定论的情况下，他去找关系，去走后门，为了谋一份差事。

先后被“打倒”的廖承志、叶飞、曾生又先后被“解放”出来。廖为人大副委员长。叶为交通部部长。1975年10月，曾生被任命为交通部第一副部长。这三个领导都在东纵或两广纵队时直接或间接领导过他。

在他们的关怀下，袁庚1975年10月间担任交通部外事局负责人，不久便任外事局副局长。

廖承志、叶飞、曾生都出身华侨，也都爱才惜才。他们是了解、信任袁庚的，在原单位对他尚无正式结论前，大胆起用他，将交通部外事部门交付给他。交通部基建司工程师孙绍先因公出国，还需要这位“美国特务”批准。

1979年2月，叶飞调往海军任职，曾生接任交通部部长、党组书记。

是年9月，曾生兼任香港招商局董事长。经他提议，

1 《习仲勋传》编委会编，《习仲勋传（下卷）》，中央文献出版社，2013年版，第509页。

交通部外事局副局长袁庚担任香港招商局常务副董事长，主持招商局的日常工作。曾生说：“袁庚是一位经过考验，有胆识、有能力的干部，我相信他能把招商局的事情办好。”

袁庚（左一）陪同交通部部长叶飞（右三）访问北欧

作为后来者的袁庚，1948年北上参加济南战役、淮海战役，为了中华人民共和国的诞生，在解放战争的战场出生入死。30年后，袁庚南下，成为香港招商局第29代掌门人，在南粤大地，为转型时期的中国“杀出一条血路”来，成为中国改革开放的先行者。

第四章

革故鼎新

历经沧桑变更，袁庚对世界的看法归纳出两句话：“变是常态，不变是变态。”

过了“耳顺”之年，1978年6月，袁庚61岁那年，受交通部部长叶飞委派，赴香港招商局进行调研。8月中旬，袁庚返京，代交通部党组起草了一份《关于充分利用香港招商局问题的请示》报告，经交通部党组讨论，10月9日上报党中央和国务院。这份报告的核心，其实只有三个字——“变则通”。

晚清重臣李鸿章开办招商局是“设局招募商股”的意思，是中国近代经济史上的一次重大的制度创新，是洋务运动至今仅存的经济实体。作为后来者的袁庚，1948年北上参加济南战役、淮海战役，为了中华人民共和国的诞生，在解放战争的战场出生入死。30年后，袁庚南下，成为香港招商局第29代掌门人，在南粤大地，为转型时期的中国“杀出一条血路”来，成为中国改革开放的先行者。

1979年，袁庚在宝安县南头半岛的蛇口，创建全国第一个工业园区——蛇口工业区。“蛇口发生的社会变革的实质，可以说是为优化人的生存空间、激发人的创造精神所作的认真探索，一系列改革的试验与对人的逐步完善的关心互为因果，终于展现出一个较为理想的社会的雏形。”（《见证蛇口》编委会，《见证蛇口》，花城出版社，1999年版）

李先念给他一个半岛

早在1940年9月间，袁庚装扮成香港过来的商人去敌后开展工作。随后又多次以商人身份游走于宝太线各个地主武装之间，争取在抗日上形成统一战线。在东纵或隐蔽战线的几十年里，他没有做过半个铜板的买卖。直到61岁，一个偶然的机会，他去上海某造船厂调查，才接触经济工作，思考经济问题。随后进入招商局领导层，开启了临近黄昏却是全新的人生之旅。

他不懂经济，著名经济学家宦乡说“他是一张白纸”。也许正是“一张白纸”，没有束缚，没有陈规陋习，他才看清招商局的弊端，果敢地求变求新。

袁庚代交通部起草的《关于充分利用香港招商局问题的请示》，集中了交通部及其所属的香港招商局上下的智慧，第一次提出了招商局“立足港澳，背靠国内，面向海外，多种经营，买卖结合，工商结合”的改革方针，第一次提出了“适应国际市场的特点，走出门去搞调查，做买卖”对外开放的建议。

回望1978年，重新审视这份《请示》，不同的人有不同的解读，但不可否认的是，它对于中国改革开放具有历史性的突破作用。

这份报告是1978年10月9日呈上去的，仅仅3日后，10月12日，中共中央副主席、国务院副总理李先念批示：“只要加强领导，抓紧内部整顿——手脚可以放开些，眼光可以放远些，可能比报告所说的要大有作为！”当时的中共中央主席华国锋和副主席叶剑英、邓小平、汪东兴以及国务院副总理纪登奎、余秋里、谷牧、康世恩阅批同意。

袁庚对香港既熟悉也陌生。当“文革”把国民经济拖到崩溃边缘的时候，香港抓住机遇快速发展。他是勤思敏学的人，身处市场经济发达的大都市，他开始对计划经济僵硬体制下国有企业的种种弊端进行反思。

他的“香港第一课”是资本家给他上的。

香港招商局总部在干诺道15号楼，已经不适应发展需

1978年，袁庚到香港主持招商局工作，11月1日在香港富丽华酒店举行酒会招待各界人士。图为袁庚（右四）在酒会上与中外人士见面

要。内地正在开展真理标准的讨论，具有划时代意义的十一届三中全会即将召开，将要抛弃“以阶级斗争为纲”的“左”的错误方针，全党工作重点将转移到现代化建设上来。袁庚考虑到内地工作重点转移后，香港的地价楼价肯定快速上扬，他要赶在大潮涌动前买栋楼等待升值。在他的力争下，交通部批准招商局买楼。袁庚一面寻求银行贷款，一面带人看楼，选中距离总部近，处于闹市区，价格较低的干诺道上一幢24层的商业大厦。袁庚是谈判老手，气定神闲，太极推手，楼价从原本就较低的6500万元压到6200万元，袁庚最后拍板的成交价是6180万元。这天是周五，下午3时香港各家银行停止营业，要到两天后的星期一上午9时才开门营业。对方老板为了将招商局2000万元定金赶在下午3时之前存入银行自家账上，以便获得这双休日前后三天的浮动利息28000元，谢绝袁庚的饭局，只叫快餐填填肚子，急着上律师楼办手续。为了赶往银行，老板的小车停在楼前，没有熄火，司机在驾座上待命。下午2点30分，对方拿到2000万元的支票立即驾车赶往银行存款。

这次买楼之后，袁庚在招商局内开展财务检查，发现不少子公司不及时进账，有人把支票压在家里不当一回事儿。袁庚及时撤换不负责任的财会人员。仅仅进账这一事，就使全局的收益状况大为改观。

为了给招商局寻找一块施展拳脚的基地（最初叫后勤基地，后来改叫工业区），袁庚带队先后在香港、澳门考察，计划买块地求发展，终因港澳的地价高昂而作罢，转而将目光转向有充足的土地和人力资源的内地。1978年11月间，招商局党委会议上，党委成员形成向与香港一水之隔的宝安县蛇口公社寻求基地的共识。

正是春潮涌动的时刻，1978年年底与1979年年初，中共广东省委第一书记习仲勋提出，要利用临近港澳的有利条件，在广东搞一个出口加工区。招商局在蛇口设立工业区的构想，叶飞、曾生非常赞同，得到分管全省工业建设的广东省革委会副主任刘田夫的大力支持。曾生、刘田夫、袁庚都是当年东纵的精英。在叶飞的提议下，招商局代广东省革委会和交通部起草联名向国务院请示的文稿《关于我驻香港招商局在广东宝安建立工业区的报告》，招商局办公室副主任朱士秀写了第一稿，袁庚在总经理金石修改的基础上作了修改，招商局领导班子研究过后又送曾生修订。曾生审定当日，1979年1月5日，刘田夫等审阅签批，经有关领导审批后，1月9日打印成文，1月10日叶飞签发后准备向上呈送。

为了让国务院领导了解招商局建立蛇口工业区的意图与计划，争取国家领导人的支持，叶飞于1月26日，农历年除夕前一天，给李先念副主席写信，请他抽空听听袁庚汇报并给予指示。1月31日，大年初四上午10时，袁庚随交通部副部长彭德清走进中南海李先念办公室。李先念正在与国务院副总理谷牧交流，立即听取了袁庚的汇报。袁庚把事先准备好的一张香港地图摊开来说："我们想请中央大力支持，在宝安县的蛇口划出一块地段，作为招商局工业区用地。"李先念顺着袁庚手指的移动，目光落在西北角上广东省宝安县新安地界上说："给你一块地也可以。"他接过袁庚从办公桌笔筒里抽出来的铅笔，在宝安县南头半岛的根部，划了两根线条："就给你这个半岛吧！"

这一划，足有30多平方公里大。袁庚考虑到资金压力，参照境外工业区的规模，只要了南头半岛南端的蛇口，面积2平方公里多一点，后来袁庚多次在口头上说是2.14平方公里。

李先念翻阅交通部与广东省的报告，征询谷牧意见，谷牧说你批原则同意，我去征求有关部门意见。李先念用袁庚原先递给他的铅笔在《报告》上批示："拟同意。请谷牧同志召集有关同志议一下，就照此办理。”

李先念说，资金问题你们自己去解决，生死存亡你们自己管，你们自己去奋斗。

李先念批示的48个小时后，2月2日上午9时30分，谷牧主持召开国务院有关部委领导人会议，具体落实招商局建立工业区的问题，交通部彭德清、袁庚、江波参加了会议。谷牧请来的诸君，都对招商局工业区这一新生事物握有生杀大权。袁庚把要办的工厂向大家作了介绍，希望各路神仙高抬贵手。谷牧强调原则已定，大家都要支持，现在就“照此办理”起来。

李先念那么爽快地批复报告，乐意给招商局一块地去冒险。几十年后，2004年，袁庚是这样总结当时形势的：那时小平已经发话了，说要吸收国际资金和先进技术；国务院已经派出经济代表团出国考察；大家都在寻找打开局面的机会。我们的报告恰好在这个时候递上去，中央看到有一个驻外企业愿意积极试验，又有广东省的支持，而且不用财政部拨款，认为可以试一下，因此事情很快就定下来了。

从习仲勋，到广东省委、省革委会以及宝安县，都支持香港招商局在蛇口建立工业区。

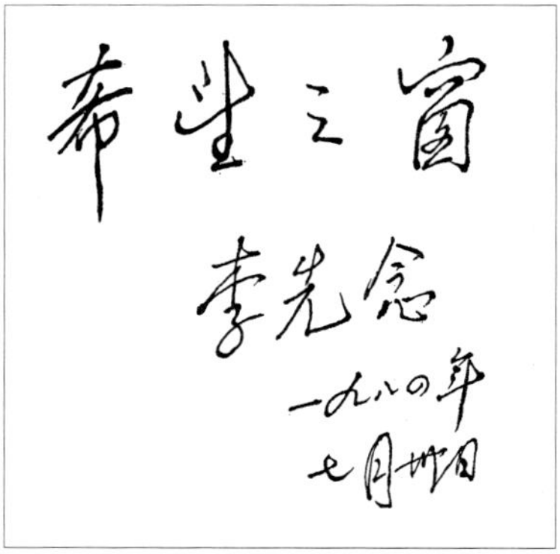

希望之窗

李先念

一九八〇年
七月卅日

李先念给工业区题字

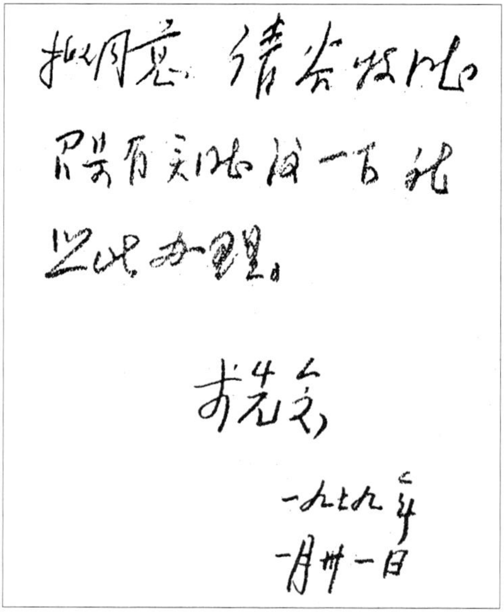

拟同意。请谷牧同志
召集有关同志议一下，就
照此办理。

李先念

一九七九年
一月卅一日

李先念在交通部、广东省报告上的批示

关于香港招商局在广东宝安建立工业区的报告

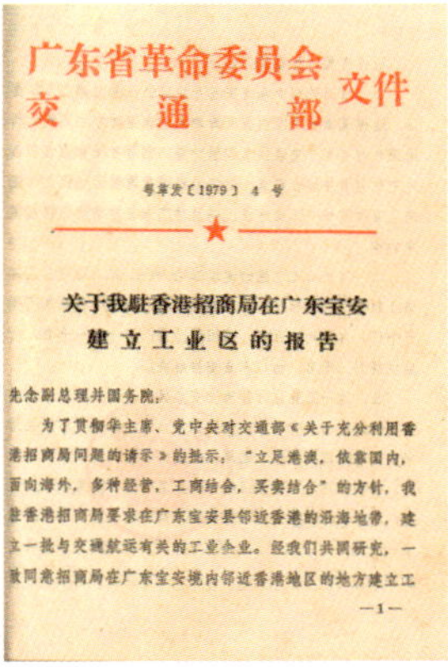
广东省革命委员会
交通部
文件

粤革发〔1979〕4号

关于我驻香港招商局在广东宝安
建立工业区的报告

先念副总理并国务院：

为了贯彻华主席、党中央对交通部《关于充分利用香港招商局问题的请示》的批示："立足港澳，依靠国内，面向海外，多种经营，工商结合，买卖结合"的方针，我驻香港招商局要求在广东宝安县邻近香港的沿海地带，建立一批与交通航运有关的工业企业。经我们共同研究，一致同意招商局在广东宝安境内邻近香港地区的地方建立工

—1—

1978年春天，南粤喜讯频传。

这年的3月里，老一辈革命家习仲勋在长达16年的下放劳动和被迫害、关押后，开始恢复工作。9月间，临危受命，主政广东。

中央委派一位担任过国务院副总理10年之久的重量级政治家坐镇广东，引起中外媒体的关注。“哇，好大粒！广东省得发达啦！”广州市民的街谈巷议中，对这位“大人物”充满期待。历史证明，中央派深受极左错误迫害而在人民群众中很有声望的习仲勋主持南方大省工作，是极有战略眼光的布局。[2]

1978年7月，习仲勋深入宝安县调研，在沙头角中英

2 吕雷，赵洪：《习仲勋：为改革开放杀出一条血路》，中国共产党新闻网，2008年12月30日。

街考察。

粤港两边贫富悬殊，对比鲜明，习仲勋心里很难受，与宝安县委书记等人交谈了很久。他支持和鼓励宝安干部对吸收外资搞加工业等问题“说办就办，不要等”，“只要能把生产搞上去的，就干，不要先去反他什么主义。他们是资本主义，但有些好的方法我们要学习”。[3] 在当时的语境下，习仲勋的话真是石破天惊。

1978年10月，广东省革委会向国务院上报了《关于宝安、珠海两县外贸基地和市政规划设想》。这时，习仲勋和中共广东省委也同意国家交通部香港招商局在宝安蛇口投资建立工业区的提议，广东省和交通部联名于1979年1月6日向国务院呈报了《关于我驻香港招商局在广东宝安建立工业区的报告》，正式提出在宝安蛇口建立工业区，利用外资和先进技术，推动我国交通航运现代化，促进宝安和广东省的建设。

1978年12月22日，中共十一届三中全会胜利闭幕。全会确定了解放思想、开动脑筋、实事求是、团结一致向前看的指导方针，作出了把党和国家工作中心转移到经济建设上来，实行改革开放的历史性决策。习仲勋列席了这次会议，被增补为中央委员。

3　王全国、杨应彬、张汉青：《深切怀念习仲勋同志》，《广东党史》2002年第4期。转引自《习仲勋传》编委会编，《习仲勋传（下卷）》中央文献出版社，2013年版，第402页。

袁庚在香港，组织招商局干部、职员认真学习党的十一届三中全会公报。对这次伟大的转折，共产党人的伟大觉醒，袁庚喻之为“天亮了”。

1979年1月23日，广东省委决定宝安县改为深圳市。3月初，国务院批复同意宝安县改为深圳市。4月间，中央经济工作会议上，习仲勋提出将深圳、珠海和汕头划出一块地方，成为“贸易合作区”。他说，我们省委讨论过，希望中央让广东能够充分利用自己的有利条件，先走一步。中央领导很重视他的提议。

会议期间，习仲勋向邓小平作了“让广东先行一步”的专题汇报。邓小平非常赞同广东富有新意的设想，感到这是一种新思路，是中国实施开放政策、促进经济发展的一个重要突破口。当听说“贸易合作区”的名称定不下来时，邓小平说：“还是叫特区好，陕甘宁开始就叫特区嘛！中央没有钱，可以给些政策，你们自己去搞，杀出一条血路来。”[4]

“东方随春归，发我枝上花。”（李白）

在“春来发几枝”的期待下，现在，就看袁庚如何在蛇口2.14平方公里的海边画山绣水做文章，在中国改革开放的版图上绽放独有的风景了！

---

4 《习仲勋传》编委会编，《习仲勋传（下卷）》，中央文献出版社，2013年版，第454—455页。

“让老夫冲锋陷阵”

蛇口工业区的开发，是一场有计划的大胆的冒险行动。对于拿过枪、搞过政治运动的人来说，无疑是全新的一课。

农历年一过，袁庚就要回香港“照此办理”了。在京期间，他必须解决两项关于自己的后顾之忧，一是政治上的，一是家庭的。

十一届三中全会之后，党和国家大规模改正冤假错案。在1979年2月间，调查部对一大堆冤假错案进行了改正，仅剩3个人没有获批改正。在招商局担任要职、进出港澳的袁庚恰恰没有获批改正。

袁庚一腔怒火，夜访领导府邸，第一次当面批评上级领导：“有人借我过去的历史整我，你也去掺和?”他恳切地呼吁，在政治风暴面前坚守良知，决不整人。当晚，他上书中共中央组织部部长宋任穷，以书面形式向组织上提出改正的要求，同时“希望对涉及当年抗战华南游击队和地方党的假案、冤案、错案能一一予以改正”。

在宋任穷的批示下，袁庚离京前，收到了中共中央调查部委员会对他的复查结论：“袁庚同志的历史，工作是清楚的，政治上无问题，所强加给袁庚同志‘与美军观察组进行秘密勾结出卖情报’‘同香港英军谈判中出卖我党利益’的问题，纯属诬陷不实之词，应予推倒、改正，恢复名誉。”

此后，袁庚在招商局，在蛇口工业区，在各个节骨眼上力保干部，有问题自己扛着，决不整人，不能不说与他深受整人之害不无关系。

第二件事虽是家庭问题，却是一反常态的。

他向叶飞提出要求，请把夫人汪宗谦从调查部调进香港招商局。他可以不带一兵一卒，但必须携夫人一同赴任。他公开的理由是年纪大了，需要老婆照顾。他潜台词是：我遵照国际惯例，重要的社交场合带夫人出席。多年以来，共产党干部是不带夫人上台亮相的。他在香港，在国际大都会腾挪，需要夫人“住”到他任上去。他这个不

袁庚（右一）和两个干将在一起，左边是梁鸿坤，中间为许智明

袁庚与招商局领导班子研究企业发展规划

符常规的要求，叶飞批准了。

袁庚把汪宗谦带到香港招商局，一不让她接触人事，二不让她染指财富，而是把她关在资料室整理资料、文档。夫妻双双露面的重要场合，才把她“解放”出来登台“秀”一回。

蛇口工业区提上议事日程之始，袁庚有意把远洋公司总经理张振声推向前台，1978年年底，让他从香港进入蛇口打前站。从1979年2月始，把在蛇口坐镇指挥的重担交给他。他提出的唯一要求是增派人手。但是，不论袁庚如何动员、做工作，招商局总部没有一个干部愿意离开香港到蛇口创业，只好从下属公司抽调严华、林远生、张鸣，赶往蛇口去协助张振声、许智明。

1979年7月2日，蛇口工业区基础工程正式破土动工，轰隆隆的开山炮炸醒了沉睡的蛇口。蛇口这一声炮响，被誉为中国改革开放的第一声“开山炮”。中国改革开放的第一幕，是在深圳蛇口，一个籍籍无名的海滨小镇拉开的。

袁庚想不到的是，在蛇口的生活比预计的还要艰苦。生活困难可以设法克服，政治风险却很难躲避。1979年5月1日，交通部有一副部长莅临香港招商局视察，随后袁庚邀请他去蛇口看看，他说“荒山野岭有什么看头?”在蛇口看了15分钟，他急切地赶回香港，突击检查袁庚的住处。在北京，交通部机关内疯传袁庚被资本主义腐蚀了，在香港拥有豪华别墅。副部长到袁庚家一看，不过是租住的两室公寓，公寓的名称那真是“高大上”——“伊丽莎白”。

你在前面辛辛苦苦地干，有人在你背后放冷枪，在你脚下闹地震，袁庚在这种生态环境里历练成钢。牢都坐过了，还怕你扣帽子打棍子吗？可是，长期在香港工作的金石与张振声等骨干却无法适应这种政治环境。袁庚除被诬为“腐化堕落”外，还因引进境外资金、技术和管理来发展生产被人检举“里通外国”。交通部科技情报所的梁宪调派香港招商局，遵袁庚嘱托研究世界各国加工出口区的经验教训，赶往蛇口工作。有专家学者严肃地问他：“你们准备什么时候跟社会主义接轨?”留在北京工作的梁妻曾兆惠驰书梁宪：“你去蛇口，将来因为这个事判你很重，甚至要枪毙的时候，我不希望看到你流泪!”袁庚铁了心，不怕任何人的明枪暗箭。然而，金石、张振声为了平安着陆，不能不有所忌讳。

此时张振声坚辞蛇口工业区指挥部党委书记兼总指挥

之职，要求返回远洋公司干他的老本行。

为蛇口工业区的创建、为招商局建立完整配套的航运体系做出很大贡献的金石，为了避免“晚节不保”，于1980年5月提交辞呈。

还是在1978年年底，袁庚做出惊人之举。他以招商局的名义，向日本川崎重工株式会社下了订购11艘滚装船的大订单，总计10.5万吨载重量。这是中华人民共和国第一批向发达国家订购的新船，气魄、眼光、实力远超过第一次向国外购买二手船明华轮，令香港航运界刮目相看，让香港工商界啧啧称奇。在1979年至1985年，国际航运业处于衰退及缓慢复苏态势下，1979年年底，袁庚在招商局设立船务部，不久改组为香港明华船务有限公司，抓住机遇，重振招商局的航运主业。

袁庚不仅买船建立远洋船队，还亲赴日本，说服大阪造船厂社长南景树打破技术壁垒，向中国转让技术。南景树表示大阪船厂将承担对招商局的技术转让工作，不附加任何条件接受40名见习生来大阪船厂实习，还希望袁庚牵线搭桥，与中国某家大型船厂结成姐妹厂。

此后，在世界四大洋的海面上，香港招商局船队飘扬着明华公司旗帜，跨越100多年前悬挂红底黄色圆月旗帜

袁庚到了香港招商局后，大力买船抓航运，替中国远洋总公司下了订购11艘滚装船的大订单，总计10.5万吨载重量。这是中华人民共和国第一批向发达国家订造的新船，为国际航运界及造船工业界所瞩目

早期的袁庚（左）和他的干将梁鸿坤在海边交谈，此时的袁庚一心想着要把蛇口建造成最适宜人类居住的地方

的招商轮船航行的海域，续写一个民族的强国梦。

张振声去意已定，袁庚首先考虑让在蛇口已经干了将近一年的副总指挥许智明转正。许曾是港九情报大队副政委，中华人民共和国成立后在一机部办公室工作。听说袁庚在蛇口建工业区，向老领导曾生要求调到招商局，被袁庚安排在蛇口当张振声的助手。张振声离开后，他在蛇口独当一面。袁庚找他谈话，他表示如果没有别的同志愿意干，他可以干，甚至愿意像袁庚这样头顶“副”字却挑起全局重担。袁庚立即上报，部里没有批复。随后，袁庚先后与几个他认为堪当此任的同志谈话，希望他们出马。

这几个同志凭着多年的“生存智慧”，拒绝当“出头鸟”。

万般无奈下，分身乏术的袁庚断然决定：老头子我自己来当这个挨枪打的“出头鸟”！

袁庚给了自己一段试用期，在熟稔工业区的运作之后，也就是金石离开香港招商局5个月后，1980年10月，经交通部党组批准，袁庚兼任蛇口建设指挥部总经理。许智明还是副总，在4个副总的排名中排在第三位。

这一年，袁庚63岁。

骷髅头、四分钱与权力博弈

蛇口？这个地名并不讨喜。沙头（谐音杀头）、南头（谐音难头）、水围、草铺——原宝安县不少地名折射出原住民生存的艰辛。

“在广东宝安县的西南边有一座山，形状像个蛇头，伸向南海，像是在向这个水域张嘴，想一口把它吞掉。”

“人们把这个地方叫做——蛇口，大概是想说明这里的特点吧：荒凉，很少人烟。”[5]

袁庚在荒沙漠漠的海滩上行走，从五湾走到六湾。

这个时候，逃港潮的余波还在。不少人从蛇口下海，借助气枕等物游向海湾对岸，寻求“资本主义的苗”。这当中又有不少人葬身大海，尸体被潮水送回蛇口海滩。在五湾勘察，在一湾挖土作业，会从沙滩里翻出溺海者的尸

5 叶君健：《蛇口一日》，《人民日报》1983年4月4日。

骸。张振声不得不和同事们充当“拉尸佬”，喝上一口酒，对无名尸鞠个躬，一声“对不起，打扰了！”然后，挖个深坑掩埋。黄昏，袁庚信步走到五湾。在他眼前，蛇口通讯站刚分配来的大学毕业生武克钢等青年建设者们，把从海边捡来的骷髅头堆砌在一起，围着骨头嬉笑打骂。

袁庚晒黑的瘦脸一下子涨得通红，怒吼道：“我——命令——你们，把这堆——骨头——给我埋掉！深深地——埋掉！”

晚上，袁庚紧急召集指挥部全体成员开会。在蚝房改造的会议室里，袁庚一直站着说话，谈的是傍晚五湾发生的事情。“你们知道那些尸骨是什么人吗？他们都是你们的同龄人。只是为了生存，冒死渡向对岸。”他强调对溺水而亡的偷渡者，包括赶海人、舟行者，对他们的生命应该有一份敬畏。“我年轻时，率领炮兵部队解放这个地方的时候，这里好像比现在还富。现在，怎么比那个时候还穷？我们怎么能对得起我们的老百姓？”他眼眶湿了，神情忧戚。

武克钢低下头，眼里噙着泪水。

蛇口的建设者们，决心搞好工业区，抓好经济建设，为中国的富强、百姓的富庶做出不懈努力。

可是，在蛇口工业区，每前进一步，都困难重重。

建设工业区之初，袁庚提出挣脱现行体制中“大锅饭”的设想，得到谷牧的赞赏。1979年10月间，工业区指挥部对四航局在600米顺岸式码头工程中率先实行定额超产奖励制度，加快了工程进度。四航局车队规定每人每日劳动定额为运泥40车，完成定额者每车奖励2分钱，超过定额则每超一车奖4分钱，司机的积极性被调动起来，原定1980年3月底完工的150米码头工程整整提前了一个月，为国家多创产值达130万元，工人的奖金只占他们多创产值的2%，为工业区早日通航争取到了一个月的宝贵时间。1980年3月22日，国务院副总理谷牧视察蛇口工业区，对招商局自筹资金建设的这段码头很感兴趣，长时间在码头上停留，不时地向袁庚询问一些问题。

3月26日，谷牧在广州参加闽粤两省汇报会，对蛇口工业区基本上按经济规律办事表示肯定，比如搞计件工资，超产有奖，缩短了工期，“这是路数对头”。谷牧的话言犹在耳，国家劳动总局和交通部就相继发出了“红头文件”叫停超额有奖的改革之举。有人指责蛇口“奖金挂帅”，是“倒退”。蛇口又开始了“大锅饭”，600米码头工程进度缓慢下来。

袁庚带队观测蛇口港

蛇口的荒山野岭

早期的蛇口一隅

袁庚率领许智明、梁鸿坤等人去施工现场调研，司机坦言，搞平均主义，大家都磨洋工喽，倒霉的还是你们工业区。5月7日，蛇口工业区指挥部向交通部等呈送《关于蛇口工业区特区基本建设按经济规律办事实行定额付酬办法的请示报告》。7月30日，中共中央总书记胡耀邦在《关于深圳市蛇口码头工程停止实行超产奖，造成延误工期，影响外商投资建厂》新华社内参上批示："为什么国家劳动总局能这么办，交通部也这么积极？看来我们有些部门并不搞真正的改革，而依然搞靠规定发号施令过日子。这怎么搞四个现代化呢？"

同日谷牧批转有关部委，强调"既实行特殊政策，交通部、劳动总局这些规定在蛇口完全可以不实行"。

8月1日，蛇口工业区获准实行"超产奖"，四航工程处宣布恢复"定额超产奖"。码头工程进展顺利。

改革不仅触动价值观，更多的是权力与利益的再分配。袁庚希望像香港企业那样有自主权，不然关卡重重，这关过了那关拦。一项情报，只有送达决策层上，才具有全局意义。袁庚意图把改革受阻的桩桩件件直达党中央，问题是谁为他传送"情报"？他把希望寄托在媒体，尤其是中央媒体的记者们身上。十几年来，他一直与央媒的

“无冕之王”们保持着良好关系。

蛇口工业区所有道路网络都由招商局投资，但须按条条管理原则交给交通部门的公路局来承建，且为“不二价”。工业区外有一条7.6公里长的专用公路将区内干道与105国道对接。承包方修好路，却留下最后200米不铺设沥青，工程处处长以此作为向发包方工业区索要财物的筹码。

投资开发建设了10个月，蛇口大变样。“五通一平”（通路、通航、通电、通水、通信和平整建筑用地）工程已近完成。对外资和国外先进技术的引进工作已经开始，已与港商和外商签订了15宗开办企业的协议书。1980年第四季度，有两个合资厂建成投产，还有一批工厂翌年兴建或投产。指挥部仅有一部20世纪30年代的手摇电话机，要与境外通话至少需要等一两个小时。袁庚想引进国外最先进的通信设备，邮电部门提出要用20世纪50年代的国产设备。好不容易谈判下来可以引进设备，邮电部却提出由招商局投资交给他们管理。这是出于通信保密原则，是国家的规定。蛇口的通信问题，从提出到1980年6月已经8个月了，就是得不到解决。

万般无奈之下，袁庚还是老办法，请记者朋友们伸出

最早的建设指挥部

早期的建设者们在蛇口海边劳作

建设中的蛇口

援手。9月3日，胡耀邦在一份题为《蛇口工业区建设中碰到的几个“卡脖子”问题》的内参上批示，批评“卡脖子的官僚主义”“拦路打劫的官僚主义”，建议谷牧“抓住这个麻雀，弄个水落石出，必要时制裁一些人（最后是采取经济制裁）”。

于是，施工设备进口问题，技术工人和技术干部调配问题，各路“诸侯”都放开了口子。

那位索贿的工程处处长被革职。24小时后，最后200米铺上了沥青，蛇口工业区向外延伸的公路终于贯通了。

1981年8月13日，因邮电部“松绑”，蛇口通信微波站得以立项并建成，在蛇口通讯公司技术员武克钢的操作下，在香港招商局大楼办公的袁庚接到了由蛇口向香港打出的第一个长途电话。蛇口通信微波站是内地首次由企业以商办形式建成的新式商业通信系统。

在中央政治局委员、全国人大常委会委员长叶剑英1980年4月27日视察蛇口工业区不久，总书记胡耀邦于12月13日在中南海勤政殿接见了袁庚。袁庚连夜把总书记接见他的信息记录在案，存档，这是前进的动力。按照党中央的指示精神去行动，在计划经济的坚硬土地上，他才可能冲破体制的重围，才能够“放胆去发展”。

招商局档案馆现存《胡耀邦接见袁庚同志谈话记录》的复印件，是袁庚离开中南海返回北京家中的追记。当日，寒暄后胡耀邦首先询问香港的情况，又问港英当局对1997年回归的反应。当汇报到蛇口工业区不搞来料加工，不搞补偿贸易，不搞污染工厂，不欢迎陈旧设备，不引进影响外贸出口的工厂时，胡耀邦问搞来料加工有什么不好，袁庚作了扼要的阐述。胡问哪些国家、企业在蛇口投资，袁庚详细作了介绍……

袁庚汇报到胡耀邦两次在“蛇口”问题“内参”上批示，为工业区解决了很大难题时，胡耀邦说“处理这些问题是我的职责”，又说那位公路局的什么处长真是可恶至极。袁庚说这样的小事干扰中央领导，我们心里实在不安。胡耀邦说“应办的事还是要办”。

当袁庚谈到建设蛇口工业区的五点体会（即内外结合，要有相应权力，要有筹措资金来源，要按经济规律办事，要从艰苦的基础工程做起）时，胡耀邦问，你究竟要多大的权力，是否把你的要求写个报告给我？

当袁庚谈到读了胡耀邦总书记在纪委的讲话（即《党风是党的生死存亡问题》）中谈到的党内不良作风，因而深感不安时，胡耀邦说问题不少，慢慢来。

最后，袁庚主动告辞，表示占用他很多宝贵时间，心里不安，胡耀邦一再问还有什么问题，并嘱，以后你还可以写信给我嘛。

受到总书记召见的一周后，谷牧在中南海接见他，听取关于蛇口工业区建设的汇报。8月间，深圳市已正式辟为经济特区。谷牧建议在“蛇口工业区”前面加上“深圳特区”，有利于“放胆去发展”。

第二年年初，袁庚在香港招商局新楼召开了蛇口工业区新闻发布会。香港《明报》记者的问题十分尖锐：“1949年，你带领军队南下深圳，解放了蛇口地区，将资本家赶跑，建立了一个公有制社会。但是，现在，你又在蛇口开发了一大片土地，搞了一个工业区，将资本家请回去搞经济。我想问一下，你在蛇口搞的是资本主义还是社会主义？你究竟所为何来?”

袁庚不是理论家，虽然，在外交场合东冲西突过，在挑衅面前，他只有如实回答：“搞社会主义是为了国富民强。过去，我们没有搞好，内地目前还很穷，所以现在党中央立志搞改革，为的是让老百姓过上好日子。”他强调“不管是社会主义还是资本主义，争论是无用的，我们建设中的蛇口不能让人民继续过苦日子”。

袁庚心里清楚，姓“社”还是姓“资”的问题，始终是悬在他头顶的利剑。

新任广东省委第一书记任仲夷对他说：“你有什么麻烦，找我好了，我解决不了的到中央解决。”

5月下旬的一天，袁庚早晨赶回香港招商局开会，接到许智明电话，新华社记者宫策与张洪斌专程赶至蛇口，点名要采访最高指挥官。考虑到袁庚年纪大，舟车劳顿，许智明建议让他人去接待记者。袁庚说不，还是我去吧。下午3点，他从香港赶回蛇口，向记者如实相告蛇口的困境，自己的担忧与压力，还有他理想中的前景。他强调蛇口工业区与当今改革有着不解之缘。“这并不是我们有多么高明，有什么远见，说穿了，这是由我们独特的生存方式和经济地位决定的。至于后人可能会说，我们是中国改革开放的先行者，那真是高抬了我们，充其量，我们不过是无意间在客观上扮演了这个角色……”

一个月后，6月16日，新华社播发了这两位记者撰写的《蛇口工业区建设速度快》新闻。同日，《人民日报》全文刊发了这篇电讯稿，指出“蛇口方式已引起人们广泛注意”。中央人民广播电台对外广播将“方式”译为“Mode（模式）”。

蛇口的“黄埔军校”

20世纪80年代初，中国人事管理制度还是计划经济下的统调统分，干部和技术人员不得自由流动。蛇口工业区规划编制为25人，只能从招商局内部解决，直到1979年上半年还凑不拢一桌人。从交通部抽调干部，更是艰难。工业区有钱有地，就是没人！

1980年3月14日上午，袁庚在律师楼与香港森发有限公司签订在蛇口合资兴办华美钢铁有限公司的协议，午饭后赶往蛇口。许智明在码头接船时告诉他，有个“后生仔”（年轻人）乔胜利，是分管人事工作的，问他要不要见一见？从部里抽调过来的干部、技术人员，仅限于水务与交通人才，听说调来一个填补空白的人事干部，袁庚立即调阅乔胜利的档案，当晚就去铁皮房招待所找他聊天。

这场由许智明陪同的聊天，长达4小时，基本上是袁庚自己关于人事制度改革的报告会。他先表明希望凭中央给的一点权力，在这里进行一场冒险的改革，这场改革中，首先就是干部体制上的改革。他强调人才是前进的基石。考虑用香港的招聘经验，通过考试向全国招聘人才，来改变干部队伍的现状。在用人制度上，坚决杜绝后门。招工必须经过考试、体检，合格的签半年试用合同。他还希望从内地其他地方调进的干部，不论其原来的级别、职务如何，一律冻结在本人档案中，只作为基本工资参考。干部与经理统统实行聘任制，任期一年。“我希望你把自己的档案、别人的档案全部锁在保险柜里，把内地那一套统统抛弃掉。”

3个月后，乔胜利被任命为工业区人事科科员、劳动服务公司副经理。日后，还任培训中心支部书记。蛇口工业区的干部招聘与培训，以及人事制度的改革都开始贯彻执行。

在与乔胜利头一次聊天后不到半个月，谷牧在广州召开的汇报会谈话中谈到蛇口用人问题，提出了一个“择优招雇聘请”新概念。两天后，3月28日，袁庚就罗致人才问题，写信给谷牧。谷牧当日批示“各方均应支持你们”。

1981年8月16日至17日，蛇口工业区首次在武汉长江航运局的海员俱乐部张榜招考干部，近50位应聘者需应考3门，除英语、国际知识外，还有一门袁庚出的考题：试论我国对外改革开放。因只在本系统招考，合格考生非常少。

9月17至9月18日两天，蛇口工业区花钱在《广州日报》连续刊登同一则招生简章，日后被誉为中国第一份人才招聘简章。报考者众，仅广州一个报名点报考人数逾600名，有资格应试者230名，通过考试录取人数仅有50多名，其中不少“尖子人才”原单位就是不放，招聘也很困难。

次年3月29日上午，袁庚在深圳向谷牧汇报蛇口工作，谈到招聘困难，拟从清华、交通等大学招聘应届毕业生或研究生。随即，送上早已打印好的袁庚个人写给谷牧和宋任穷的短柬和招商局蛇口工业区越级致中组部请求在有关省市院校实行招考招聘，解决各种专业人员的报告。谷牧当即表明了个人态度：“任穷同志：这是选人用人的一个新的路数，我看应当支持特区继续试行，请酌。”

袁庚即刻委派刘清林、乔胜利带着谷牧在袁庚短柬上的批示面呈中组部。进京前，袁庚向乔胜利面授机宜，应

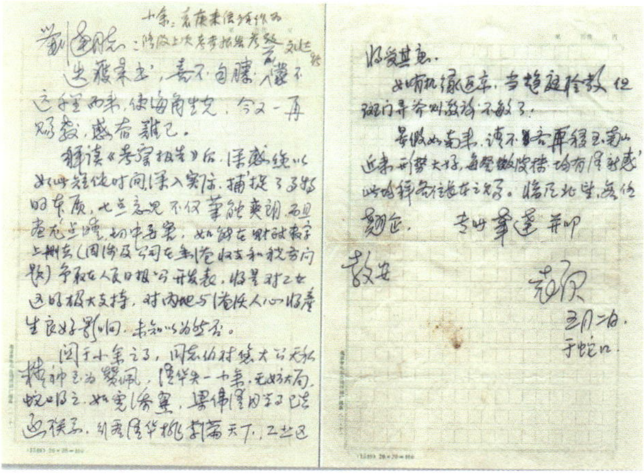

小余：袁庚来信请代为[illegible]

刘达同志：

迭获来函，喜不自胜，[illegible]不远千里而来，使蛇口生光，今又一再赐教，感奋莫已。

拜读《考察报告》后，深感您以如此短促时间深入实际，捕捉了多方面的东西，七点意见不仅笔触爽朗，而且毫无些隐，切中要害。如能在删改数字上删去（因涉及公司在新港收支和投资方向数）争取在人民日报公开发表，将是对工业区的极大支持，对内地与港侨人心将产生良好影响。未知以为然否。

关于小余之事，同志们对您大公无私精神至为钦佩。清华失一小余，无妨大局。蛇口得之，如虎添翼。[illegible]

将受其惠。

如有机缘返京，当趋庭聆教。但[illegible]不敢了。

暑假如南来，[illegible]

[illegible]

敬安

袁庚

五月二日

于蛇口

袁庚爱才。1983年5月，袁庚给清华大学刘达校长的亲笔信

袁庚（左二）出访美国

该找什么人，说什么话，遇到什么情况说什么话。

1982年4月28日，中组部干部调配局为蛇口工业区开具了13张组织介绍信，让刘清林、乔胜利前往全国13个省市招聘干部。直至1983年秋天，全国各地100多位干部汇聚蛇口，投身变革第一线。

说袁庚求贤若渴，一点也不过分。5月初，袁庚飞到北京向部里汇报近来的工作。随后，出席清华大学学生会组织的见面会，与300多位应届毕业生倾心交谈，鼓动青年才俊奔赴蛇口。

他翻看清华大学人才档案，对34岁的大学生顾立基甚有兴趣。顾是“老三届”，当年夏天毕业。袁庚看中他两点，一是他发起成立了清华大学学生经济管理爱好者协会；二是在上一年参与竞选海淀区人大代表，成为1981年全国高校在校学生中唯一一位区人大代表。

5月9日星期天，他不让驻京办事处派车，骑上1959年用出国指标买的英国三枪牌自行车，由女儿袁尼亚骑辆凤凰车陪同前往清华大学，从西苑骑了20多分钟就累得满头大汗。他在寝室里找到顾立基，语重心长地说：“我们老了，时间不多了，蛇口和中国改革的希望寄托在你们年轻人身上——蛇口永远欢迎一切志同道合者!”年轻人当即打定主意，跟随袁庚，加盟蛇口。

袁庚还看中了余昌民。小余是清华企业管理系首届研究生，曾被派往日本专门研究企业管理，准备留校任教。袁庚想把他“挖”到蛇口去，被清华拒绝。袁庚回到香港后，对他念念不忘。1983年3月，“贼心不死”的袁庚邀请清华大学校长刘达到蛇口调研。在陪同考察中，一再要求校长放走小余，理由是蛇口“迫切需要企业管理专业人才”。是年7月，余昌民夫妇一同调入蛇口。袁庚给刘达写了一封感谢信：“清华失一小余，无妨大局，蛇口得之，如虎添翼——看清华桃李满天下，工业区将受其惠。”

后来，刘达将这封袁庚的亲笔信转送给余昌民，余昌民珍藏至今。

有些人才与本单位领导关系不好，一直被弃用。当听说蛇口要用，单位立即卡住不放。对这种情况，袁庚鼓动人家辞职，他这里收。他希望有人开这个先例。最多就是单位去告状，最好告到国务院。“捅开干部私有制”，杜绝人才浪费。

1985年，袁庚提议赴美国、加拿大招聘学成的自费留学生加盟蛇口。2月底，招商局人事部等3人在美、加7个

第一期企业管理干部培训班是工业区委托交通部情报所协助筹办的。在中共广东省委组织部及有关部门的领导和支持下，通过公开招考、择优录取的办法，招收了48名有一定的实际工作经验和英语基础的大专院校毕业生为学员（摘自1982年招商局第四十期《简报》）

1981 年 12 月 8 日，蛇口工业区企业管理干部培训班在圆坛庙（现蛇口鲸山别墅区）正式开班

1980 年代后期，袁庚（站立拿喇叭者）在培训班作即兴发言

城市，走访、接触140多名留学生。那时，国门刚刚打开，出去唯恐不及，哪里有人愿做“海归”？这回虽然无功而返，却是国内企业向海外聘请人才的“东风第一枝”。

袁庚清楚，苏联战后把老干部送进大学深造，所以苏联的经济与技术在世界上有一席之地。国内，在1956年提出“向现代科学进军”之后，一些高等院校相继开办干部培训班。袁庚的思路是，委托交通部情报所长期举办干部培训班，一个学员一年由工业区交600元培训费，将人才苗子塑成可用之材。1981年4月29日，交通部情报所林鸿慈应袁庚邀请赴蛇口筹办企业管理干部培训班。通过招聘考试，第一期培训班48人，全是理工科的本科生，全是有实际工作经验的青壮年。有些地方不放人，在1981年10月20日正式开学后，只好边上课边等待新学员报到，最迟一个学员调入的时间是在第二年4月间。开学典礼推迟到1981年12月8日举行。这天，大病初愈的袁庚来了一场生猛的脱口秀，“我对不起诸位了，我把大家骗来了！”他说，“你们到这里来办工业区，成不成功我没有把握啊！”他声明他的户口还在北京，失败了可以回北京。强调他们已经调过来了，户口来了这里，已经没有退路了，唯一的希望是为中国的改革背水一战，“杀出一条血路来”。

10年后的1992年，工业区第九期培训班举行开学典礼。39名学员是从全国14个省市的8077名报名者中选拔出来的，录取率仅为0.48%。按照惯例，袁庚又来讲话，他希望学员们“珍惜现在，展望未来”，“世界终究是你们的”。他说得不错。10年来，九期培训班人才济济，很多学员已经成为招商局企业管理干部中的骨干力量。第九期学员大都成为招商银行、招商证券的支柱。

培训班是在圆坛庙一间废弃的军营里举办的。从第一期开学第一天起，袁庚就说“这里是我们蛇口工业区的‘黄埔军校’，是催生现代化管理人才的加温器”。

逼老战友带头让贤

因工作关系，袁庚常常往返于香港中环与深圳蛇口两地。他到蛇口，船一靠岸，早已守候在那里的人立即迎了上来，一路上前呼后拥，就差鸣锣开道、警车开路了。这种现象，他开初并不在意，甚至有些受用。后来一琢磨，就看出问题来了。

1982年12月8日，在参加工业区第二期培训班开学典礼之后，袁庚向交通部下来调查的老部长潘琪坦承工业区目前出现的混乱是管理问题，症结出现在干部身上。他说，老指挥的思想有些僵化，观念太老，很难沟通。每次一离开蛇口，他的思路就得不到贯彻。当然，许智明老战友是积极支持他的。他没有说出的话是，4个副总指挥都是部里指派给他的老同志，有些干部就是怕上级不怕群众，无法领导改革。

1983年2月8日，他明确地对他的“亲信”表示，“蛇口的关键问题还是领导班子问题”。

翌日上午，在陪同胡耀邦一行登楼俯瞰工业区全景，视察赤湾后，他在向总书记的汇报中，谈到他一到蛇口，下面的同志唯恐照顾不周。干部是上级任命的，所以干部不怕群众不怕下级。他希望形成“群众监督干部，群众有权选举和罢免干部”的崭新局面。他设想，在条件完全成熟之前，先搞一个平均年龄为45岁左右的领导班子，全部是专家、高中文化程度的，来代替年纪大一点文化水平又比较低的同志。

袁庚把积在心里很久的话向在座的中央、省、市领导说：“如果群众有权选举和监督干部，我相信可以改变一下干部的结构和作风。我们想做一个不算太小的改革，准备冒一点风险。”

“好！好嘛！”胡耀邦连连点头。

“总书记说了‘好’，我们就记录在案，马上打报告这样做！”一直站着汇报的袁庚激动得拍巴掌。

胡耀邦也高兴地站起来，谈笑风生。

这段对话影响了蛇口的发展过程，推动了干部体制改革。

袁庚迫不及待地行动起来了。第二天下午，他让乔胜利出面召集十多个中层干部开了个通气会，告知胡耀邦批准了工业区可以采取直接的公开投票选拔干部制度。两天后，2月10日下午，对新一届管理委员会进行民主选举。工业区副经理、工程师、党支委以上级别的干部，共计130人参与投票。选举会上，袁庚强调，蛇口工业区建区三周年，原有的建设指挥部和临时党委难以继续承担领导一个创新的社会系统工程的复杂任务。根据国外出口加工区的经验，需要建立一个事权集中的管理委员会。他问大家："我们是沿袭过去最省事的办法，由组织部门和主管部门提出名单经上一级党委批准呢，还是相信大多数的干部和群众，由他们用无记名、直接投票民主选举出来呢?"在一阵议论声中，袁庚说："只有唯才是举，唯才是用，把那些有坚强事业心和高度责任感，作风正派，不谋私利，懂技术，会管理，有组织能力，敢于改革，能打开局面的人，不断地提拔到领导岗位上来，蛇口才会呈现一派生机……"

接下来的"节目"是每人发一张白纸，没有候选人，无记名海选，请130人推荐自己心目中的干部。

这是全国首例民意测验，是一次有组织的民主选举，是民主进程中一次勇敢的尝试。

在这次民意测验中，巧合的是，票数最多的前七名，与招商局党组织事先考察、预定的人选高度一致。4位老指挥的得票都没有进入前七。

1983年3月1日下午，在蛇口工业区新开张的第一家咖啡厅，袁庚请许智明饮下午茶。他说工业区的风气要好，老干部首先要带头。蛇口要兴旺发达，要靠有知识有文化的年轻干部。干部体制改革迫在眉睫。“肥佬，我知道这样好委屈你，但是，工业区的指挥中，你的年龄最大……如果你……”

“老袁，你不是在开玩笑吧?”许智明突然意识到袁庚希望他带头让贤，退居二线。

“我不是开玩笑，我几乎花费了半年时间来思考和研究。”

许患有冠心病、糖尿病。这个生于香港、长于香港，早年参加东纵，熟知广东、香港，说一口标准而流利的普通话、广东话和客家话，又有长期从事外贸、外事工作经验的老同志，有极强的组织能力。他从1979年5月起，在荒山野地里为创建蛇口工业区吃尽千辛万苦，从不计较个

袁庚和工程副总指挥许智明在海上考察蛇口。1983 年，袁庚力劝许智明退位为年轻人让道，为了共同的事业担当，许智明欣然应允，改做蛇口工业区顾问

人得失，即便长期得不到信任，依然兢兢业业，在工业区有很高的威信。有一种传说，他在130人的民主测评中，得票数位列前七，只是因为“全局需要”，他被拿掉了。

在4个副总指挥中，许智明的资历、声望最高，但年龄也最大。这一年，他刚刚60岁，比袁庚小6岁，却比其他3个副总大三四岁的样子。他要恋栈，其他指挥亦有理由霸住位子为革命干到地老天荒。

“肥佬，我知道，这样对你不公平，但是……”袁庚清楚地记得，4年前，招商局没有哪个干部愿意离开香港到蛇口创业。几个愿来的人，不是“骗”来的，就是碍于他的面子不得不来的。张振声不干了，他一个老头子自己挑起拓荒的重担。多亏比他还年轻些的许智明这帮人伸出肩膀，共同肩负重轭前行，才干出中央肯定的成绩。在这些帮手中，许智明最给力，也是最得力的副手。现在，他需要班子年轻化，不得不把老战友拉下马。他想让许智明带个头，其他3人也就没有理由拒绝让贤。

“我们都老了，必须让能闯能干的年轻人站到前台来。我也是能带就带他们几年，我的时间也已经不多了……”

最终，许智明表态了。他说：“从我个人的主观愿望来说，我真的不愿意退，但是，为了蛇口，为了你和我共同的事业，我，我……”

许智明愿意交出手里的“权杖”，袁庚再去找其余3人谈退的问题，阻力就很小了。他们都答应退居二线，也有个别人到北京告状。袁庚知道后，只说了4个字：“可以理解。”许智明等4人不担任副总，但是待遇、工资不变，原在直属企业担任董事长的依旧不动，许智明等3人担任工业区顾问。

14年以后，又是人间三月天，1997年3月，许智明病逝，享年74岁。

袁庚特意前往太平间探视老战友的遗体遗容。是晚夜不能寐，铺纸磨墨，把所有的情感凝集笔端，撰写挽联送老战友魂归天国：

弹雨枪林转战东江留得峥嵘岁月

披荆斩棘谱写南山无负璀璨年华

“长江后浪推前浪”，当袁庚在权力角逐中，以年长劝年轻、“以官大压官小”，终于获胜后，在与许智明饮茶谈心的9天后，招商局董事会办公室向上呈送了一份《关于调整蛇口工业区领导班子的报告》。3月21日交通部批复下来，袁庚4月4日上午召开经理、经理助理以上的干部会，宣布正式改“建设指挥部”为“管理委员会”，同时宣布新党委、管委会领导班子的组成。这届新班子成员具有大学本科以上文化程度的由原来的20%上升为55%，平均年龄46.2岁，比原来下降12.5岁。党委会、管委会主要正副职由5人减为4人。

当兵出身的乔胜利年仅36岁，担任党委副书记。当有人嘀咕他缺文凭的时候，袁庚说他很重用有文凭的才子，不然就不会三番五次跑北大、走清华。他请大家注意：“这次投票，大多数有文凭的才子看中谁？就是看中他。有文凭的看中没有文凭的，这里面的道理不值得好好反思吗？”

根据安排，乔胜利在新班子就职典礼上代表工业区党委、管委会做工作报告。袁庚希望他做一次漂亮的脱口秀，乔承认自己不是那块料。

袁庚说有一个美国小伙子，有严重的口吃。他对着镜子练习讲话，逼迫自己不停地讲，直到镜子被唾沫星子糊住，看不清自己的脸为止。后来，他当上了美国总统。

蛇口工业区党委、管委会就职典礼是在4月24日星期天举行的。乔胜利不脱稿念完工作报告，袁庚随后在讲话

蛇口的几个老指挥

就职典礼上，袁庚畅谈理想

中说他就想在蛇口搞一个民主选举的试点。近一个月来，他逢会就讲，新班子地位发生了变化，谁违背群众的意志，群众就有权抛弃谁。袁庚认为，群众如果无权监督并罢免不称职的干部，就谈不上真正的民主；而没有民主的政治生活，绝不会健康、和谐。他说："工业区每一个职工、每一个团体都有权随时向新班子成员提出质询，新班子成员有义务随时答复群众的质询。"他希望新班子成员"不要辜负大家的选票"，和全体员工同心同德，艰苦奋斗，"把工业区建设成为具有社会主义的高度物质文明、高度精神文明、高度民主的新的桃花源"。

袁庚期望"在党的领导下实行更广泛的民主选举和监督"（招商局1983年3月9日致交通部报告）。管委会上任不久，立即对直属各室、公司进行大刀阔斧的改革，变委任制为聘任制，尝试进行干部体制改革。

聘用前，采用民主推荐、民意测验，下聘书时履行签约形式，任期一年。无论是管委会还是直属各室、各公司干部，任期内进行定期或不定期的民意测验。1985年4月，在第一届新班子中，虞德海是党委委员，袁庚力挺他进入新一届领导班子。在1985年民主测评上，没有人向他提出质询。在选民看来，他是清正廉洁的。1985年的民主选举，他再次当选。1986年任蛇口工业区党委副书记。袁庚推荐他到深圳市委去任职，不久便任市委常委兼组织部部长。1990年，他到南山区独当一面，成为一方“诸侯”，事情就起了变化。虞德海“利用职务之便”犯罪，据深圳市检察院起诉书称，是“在1990年10月至1997年12月担任深圳市南山区委书记期间”。深圳市中级人民法院以受贿罪和巨额财产来源不明罪，判处虞无期徒刑，剥夺政治权利终身。

对一棵好苗子的最后堕落，袁庚说：“在监督、制衡机制缺失的体制内，虞德海人称‘南山虎’，想不腐败都难。”

“时间就是金钱，效率就是生命”

1980年3月间，在从香港横过深圳湾到蛇口的招商局海燕8号船上，袁庚草拟了“时间就是金钱，效率就是生命，顾客就是皇帝，安全就是法律”四句口号，想搞点精神文明的东西，起一点凝聚力和号召力的作用。他赶到指挥部开会，原本议题是与日本合作问题，他先拿出口号请大家帮助把关、修订，尔后再转入议题。会后他叮嘱许智明落实口号上墙事宜。

一星期后，一块三合板用红漆写上“时间就是金钱，效率就是生命”两句话，竖立在指挥部几栋楼房前。两三天后，三合板被当地农民拆掉当柴火烧了。

过了大半年，袁庚在圆坛庙培训中心讲课，再次谈及这四句口号，讲述观念层面的东西。11月底，在蛇口最热

“时间就是金钱，效率就是生命”的标语牌

年轻人在标语牌前合影

闹的商业街，竖起一块一人多高的标语牌："时间就是金钱，效率就是生命！事事有人管，人人有事管！"引起蛇口人的关注。

1981年3月28日，谷牧一行视察蛇口，乘车看到了"时间就是金钱，效率就是生命"标语牌，边看边念。袁庚说："写标语时，我就准备戴帽子了，有人说这是资本主义的口号。"谷牧什么也不说，笑了笑。此时，一场政治上的"倒春寒"扑面而来，旷日持久的"旧租界风波"尚未平息。在中央书记处会议上，谷牧坚决不同意上海某报发的《旧中国租界的由来》作为中央文件的附件。一个月后，他再次视察蛇口，以行动支持经济特区。谷牧走后，袁庚再三思虑，在严峻的形势下，为了不牵涉谷牧，私下让人将这块牌子悄悄拆掉了。

又过了一年多，1983年8月间，工业区宣传处副处长周为民请示管委会副主任王今贵可否重做标语牌，王今贵说："我觉得这个口号没有什么错吧?"不到一个星期，又见宣传处制作的大型巨幅标语牌"时间就是金钱，效率就是生命"矗立在港务公司门前，激励着蛇口人抢时间，争效率。

"攻克"赤湾既是在权力博弈中突破重围的产物，也是时间与效率双飞的硕果。

南海，“第二个波斯湾”，是世界油气资源富集地区之一。早在1978年7月，日本就与越南协议合作开发南海石油。在资本市场嗅觉灵敏的香港，于1980年2月间，在香港召开“香港与华南能源开发之关系”的有15个国家和地区专家参加的国际研讨会，研讨如何利用香港成为中国南海石油开发的后勤基地。直到5个月后，1980年7月，我国石油部才在规划报告中提出进行南海石油开发。香港的研讨会，原本内地没有派出代表，袁庚当即派梁宪等三人出席会议，及时让梁宪将会议内容编入招商局《情况反映》向上呈送。对于石油、后勤基地，石油部大佬们的第一选择是新加坡，其后依次为香港、三亚、湛江。这时，交通部水运规划设计院院长王大勇会同计委交通局局长张振和，首次提出利用蛇口工业区设施作为南海石油开发后勤基地之一的建议，石油部认为可以考虑。王大勇两年前作为“技术小组”成员进入香港招商局，秘密调查袁庚，被袁庚的人格与老而弥坚的斗志所折服，反而助他一臂之力。11月10日，石油部副部长秦文彩经香港，参加由港澳工委主持的蛇口作为南海油田后勤基地可能性的讨论会，会上意见不一。袁庚反复表态，他的观点获得东江纵队老战友，时任新华社香港分社副社长叶锋的赞同。会后，袁庚用急件报交通部，建议邀请石油部实地考察蛇口。1981年3月中旬，交通部拨款18万元，委派孙绍先在蛇口西侧的赤湾开展前期工作，为蛇口工业区作为石油后勤基地创造条件。

1981年3月，袁庚第二次深入赤湾考察，孙绍先、许智明陪同。孙绍先认为赤湾左边做石油基地，右边建深水港，即可保持蛇口海岸线的完整性，运送的石油靠港就有收入，可以以港养港。7月4日上午，袁庚带着许智明找到孙绍先，询问建港费用。孙绍先建议，为了解决征地问题，给深圳市一些股份，把石油部也拉过来共同开发。真是好主意！袁庚请孙许两人第二天进京，把三方合作的新思路向两个部汇报。第二天下午4时，他们先到交通部后到石油部向有关领导汇报，秦文彩答应一定派工作组去蛇口。两人第三天回到蛇口，第一时间向袁庚汇报。

1981年9月7日晚上，袁庚拜访了深圳市委第一书记、市长梁湘。就在一个月前，任仲夷告诉袁庚，省委拟任命他为广东省副省长、深圳市市长，任命即将由中组部下达广东省委。面对婉拒的袁庚，任仲夷认为深圳的地盘更大，可以在新岗位实现理想。要是不同意，让他自己找宋部长去说。他“跑步”进京，当面向宋任穷部长请辞市

袁庚（前排左一）在蛇口的开工典礼现场，中间者为许智明

长之职。宋部长终于同意了，他又去广州向任仲夷请辞。赤湾是深圳市的地盘，他拜访市长，是向地方官提出共同开发赤湾的意向，得到梁湘的大力支持。这个时候，他后悔了，不是为辞去升迁的机会，是后悔他在1979年初，真应该把李先念划给他的整个南头半岛一口吃下来。

一个月后，袁庚主持召开赤湾开发公司第二次筹备会议，确定筹备小组顾问是许智明，组长是孙绍先，并派他们立即进京向部里汇报。

1982年1月7日，四方盛会，石油部、广东省委、深圳市委、招商局共商股份合作，形成了《关于建设赤湾港为南海石油勘探开发服务专题座谈会纪要》。纪要由孙绍先、唐振华起草，袁庚修改，四方讨论定稿。1月11日，以《纪要》为附件，广东省省长刘田夫、石油部副部长张文彬、深圳市市长梁湘、招商局常务副董事长袁庚四人联名向国务院呈报《关于建设赤湾港的报告》，很快获得批准。经历了一年半的主动争取，四方游说，赤湾深水港的建设走上正轨。

6月14日，“中国南山开发股份有限公司”成立，这是中国境内第一家由国有企业控股，境内外多种成分企业参与的股份制企业。5年后，1986年年底，中国国有大中型企业才开始“股份制试点”。南山公司负责全权开发、经营赤湾港。袁庚被公推为董事长兼总经理，孙绍先任总工程师室主任。袁庚将深圳建市后第一任市委书记的秘书黄小抗“挖”到南山公司担任总经理办公室主任，后为总经理，挑起业务重担。

当时有一种说法，中央领导只要到广东就一定会来深圳，来深圳就一定会来蛇口，来蛇口就一定会来赤湾。中央领导同志视察蛇口工业区与赤湾时，对随行的中央各部委、广东省和深圳市的领导打招呼：南山开发公司的事情按袁庚的思路办，你们都不要插手干预。

1982年11月初，赤湾港第一个万吨级泊位开锤打桩。一年后，1983年6月14日，赤湾举行开港典礼。在鞭炮和汽笛声中，1.6万吨巨轮装载着中国国际海运集装箱（集团）股份有限公司（后简称中集集团）生产的50个集装箱，从赤湾运往美国。袁庚在该年6月间，出任中集集团首任董事长。

最初，袁庚希望蛇口成为以工业为主的类似于英国阿伯丁的海港城区。后来才考虑到最终还是要淡化工业回归生活，使蛇口成为最宜于人类居住的地方。在他领导下，蛇口招商最初重点是工业项目，尔后也开始涉足其他项目。

在他“唆使”下，1982年6月28日，香港小商人马灿洪与陈惠娟夫妇在蛇口投资开设的内地第一家深港合资经营出口商品并收取港币的“购物中心”，隆重开业。原先担心一天只卖一瓶汽水，不料开张才5天，就全部收回50万港币的投资，第一年利润近千万元港币。

自1982年伊始，每天进出蛇口的人数逾万。蛇口工业

1982年9月22日，袁庚（左）在中国国际海运集装箱股份有限公司投产典礼上讲话

区缺少床位，没有酒吧，没有娱乐场所。袁庚请许智明等人献计献策，梁鸿坤想到如果买条旧邮轮，过来有玩有住，又快又省。袁庚记得在印尼接侨时，有一条叫光华轮的邮轮，现在光华轮已经完全废弃了，只剩下一条姐妹船明华轮。那么，能否把报废的明华轮买过来呢？

经过近两个月的艰苦谈判，在谈妥价格与合资比例以后，8月初，用了20天时间将明华轮从广州白鹅潭拖至珠江口。一场强台风过后，11月23日，明华轮趁着海潮正式坐滩蛇口六湾。

当年的明华轮

蛇口管委会将明华轮更名“海上世界”。管委会副主任王今贵为董事长。11月，工业区招聘引进的第一个干部王潮梁为总经理。经理部着手对明华轮进行大面积维修、整修、装修。12月7日，在白天的管委会上，袁庚批评了负责工程的孙绍先，晚上在市里开完会后，10点20分，他指挥小车冲到海上世界旁边，打着手电筒问谁是总经理。当王潮梁告诉他准备1984年2月5日春节开业的时候，他吼叫起来：“我跟你没有共同语言！”扭头就走。

他着急，他生气。邮轮坐滩蛇口，每日的费用高达

3000元人民币！

回到蛇口的家，深夜寒气重，袁庚在王潮梁递交的经营方案上，在天头地脚空白边写满密密麻麻的千字批语。

他对“明华轮坐滩至今已半个月了，一直抓得不紧，没有紧迫感，现场冷冷清清，船上、地上工程进度慢”非常不满。他批评“经理部门的思想总想求全，什么都搞好了再开张”，认为“不要等什么都具备才开始营业，早点开业，可以逐步改善，逐步练兵”。他建议给予经理部门年轻人“更大的自主权，以便于激发他们群策群力的创新和负责精神。让这些青年人去闯出一条新路子吧。对于他们一些面对困难束手无策或克服困难的决心与勇气不够，则要加以鼓励、批评”。

1983年12月20日，“海上世界”局部开张。

“海上世界”为中国第一艘由邮轮改装的海上酒店和娱乐中心，系深圳第一个旅游景点。1984年直到20世纪90年代，民间说：“不到‘海上世界’，不算到了深圳。”

在得知小平同志视察蛇口工业区的头一天，袁庚在香港忙到下午4时才赶回蛇口，检查原先布置的各项接待工作的落实情况，向相关人员做了些交代，然后布置一项特殊任务：交代顾问许智明与工业区办公室副主任余为平通知工程公司连夜加班，在深圳市区拐进蛇口的必经之路上埋水泥柱子，把“时间就是金钱，效率就是生命”做成大幅标语牌挂上去。袁庚说：“我要让首长路过时看到这个标语牌。”

管委会成员猜他哪根神经搭错了线，是不是真疯了？一条有争议性的口号藏都来不及，你还亮出去？许智明希望他还是慎重一点，风险太大，万一……袁庚打断他的话：“没有万一，有万一也要干。”

第二天一早，标语牌矗立在进入蛇口的路口。

1984年1月26日上午，时任中共中央政治局常委、中央顾问委员会主任邓小平同志一行视察蛇口工业区。在工业区办公大楼门前，袁庚发表了极其简短的欢迎辞，随即提出请求首长与全体接待人员合影留念，小平微笑着答应了。趁着大家排队的时候，袁庚有意安排刘清林、郭日凤、许智明三位退下来的老将向前与小平握手问候，让摄影师为他们分别拍照，三个老同志那一瞬间凝固成他们各自人生相册里的永恒。

在工业区办公大楼7楼会议室，袁庚向邓小平等领导同志汇报4年来蛇口工业区所取得的成绩，并适时地向邓小平介绍年轻的党委副书记乔胜利。

小平笑了，兴致很高：“怎么，去看一看吧？”

袁庚大胆地请示：“小平同志，请再给我5分钟。”

小平点点头：“没关系，等会儿再看。”

袁庚一讲就是20分钟。最后，抛弃一切顾忌说：“小平同志，我们提出了一个口号，叫作：时间就是金钱，效率就是生命。不知这提法对不对？”

在全场的百多人突然屏住呼吸，寂静无声中，小平同志的小女儿毛毛说：“哦，我们进来的路上看到了，是块标语牌上写的。”

小平充分肯定道：“对！”

袁庚终于舒了口气，感到欣慰。

邓小平一行在视察中外合作的华益铝厂、登上微波山俯瞰工业区全景之后，10点30分，被袁庚请上了尚未全面开业的“海上世界”做客。

在C甲板咖啡厅，袁庚挨着小平坐在沙发上继续口头汇报，小平很少说话，很有兴致地听。

小平心情很好，想登高看看，在邓榕陪同下，健步登上顶层甲板，在船尾眺望隔海相望的香港。

这天是小年，邓小平、杨尚昆、王震和他们的夫人及

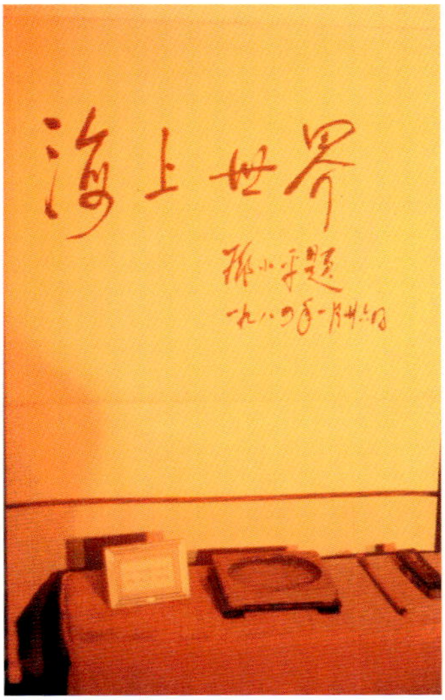

邓小平给“海上世界”的题字

1980年代施工中的蛇口南海酒店

刘田夫、梁灵光、梁湘等省、市领导，在龙凤餐厅与邮轮员工一起过小年。小平很高兴，喝了3杯茅台酒。主宾席旁边有张写字台，袁庚早已叫人备好了文房四宝。王潮梁在请示袁庚后，让副手赵艳华请小平题词。

小平立即起身，走到写字台前，拿起毛笔问："写什么?"

王潮梁脱口而出："海上世界!"

小平凝神运气，书写了"海上世界"4个大字，博得满堂的掌声。

下午2点30分，小平等人乘坐深圳市委的中巴车离开蛇口，闻讯赶来的群众拥到船边，希望一睹老人家的风采。袁庚坐在小平身边，中南海警卫局一位局长命令司机快开车。袁庚就火了，老百姓想见见邓大人，有什么危险？开快车才危险。他大声对小平说：小平同志，外面的群众很想见一见你邓大人，而这位局长要开快车冲过去，我看是不是请梁湘同志调解一下，解决这个问题？邓榕在旁边说：袁庚真滑头。满车人大笑。梁湘便让司机慢慢开。群众热烈鼓掌，目送小平乘车缓缓离开。

小平同志离开蛇口几天后，在向蛇口工业区干部传达小平视察情况的会议上，袁庚坦率地说："就像我们在大海上漂浮了很久，突然抓住了救命稻草，小平的到来对我们意义重大。”

1984年2月24日上午，邓小平返回北京不久，召集胡耀邦、赵紫阳、万里、杨尚昆、姚依林、胡启立和宋平开会。谈到南方视察情况时，他说：这次我到深圳一看，给我的印象是一片兴旺发达。深圳的建设速度相当快；盖房子几天就是一层，一幢大楼没有多少天就盖起来了。那里的施工队伍还是内地去的，效率高的一个原因是搞了承包制，赏罚分明。深圳的蛇口工业区更快，原因是给了他们一点权力，500万美元以下的开支可以自己做主。他们的口号是“时间就是金钱，效率就是生命”。他强调：除现在特区以外，可以考虑多开放几个点，增加几个港口城市，如大连、青岛……这段讲话，后来被编入《邓小平文选》第三卷。

1984年4月，在中央书记处扩大会议（又名沿海部分城市座谈会）上，袁庚做重点发言。会后，王震对他说，总理说，你的每一句话都是尖锐的。国务委员余秋里说，你为共产党人争了一口气。会后，中央决定开放14个沿海港口城市。6月4日，“第一期沿海部分开放城市经济座谈会”在深圳市西丽湖度假村举办。分管开放城市与特区工作的时任中央书记处书记、国务委员谷牧在总结中突然说：

“我今天正式宣布：中央批准袁庚同志作为我的顾问。”袁庚大感意外，被谷牧点名站起来亮相。谷牧说：“对外开放这一条，我没有他的知识多，所以非请他当顾问不可……”

1984年10月1日，首都举行盛大的中华人民共和国成立35周年阅兵仪式和群众游行。一辆船型彩车，载着“时间就是金钱，效率就是生命”标语牌，缓缓经过天安门广场。日后，有媒体评述国庆游行说，这个口号引起的反响，仅次于北大师生打出的口号“小平，您好！”

改革开放前期，习仲勋在广东工作了2年10个月时间，为广东的改革开放和社会发展事业作出了奠基性的贡献。1987年2月16日，在阔别6年后，习仲勋再次踏上南粤大地，这天，视察蛇口工业区。

习仲勋在蛇口参观了由中外合资的太阳油厂投资在建的浮法玻璃厂和深圳中华自行车厂。太阳油厂规模大，技术先进，浮法玻璃厂工程进展顺利；中华自行车厂能够生产出上百种型号的自行车，产品畅销欧美市场。习仲勋在这两个厂仔细考察了机械设备和生产流程，对蛇口的变化赞叹不已。[6]

3月5日，袁庚在招商大厦门口迎候再次视察蛇口的习仲勋。在九楼贵宾厅，他向习仲勋一一介绍了工业区的领

6 《习仲勋传》编委会编，《习仲勋传（下卷）》，中央文献出版社，2013年版，第617—618页。

蛇口工业区制作的迎国庆彩车

1985年建成的蛇口工业区培训中心

导人：乔胜利、熊秉权、陈金星、车国保。

座谈中，袁庚汇报了近年来工业区发展的情况和今后的打算。习仲勋问："（工业区）面积现在有扩展吗?"袁庚回答可供发展的土地不多了，以后准备学习香港的做法，向山上发展。山上空气好，视野开阔。习仲勋说，这样很好，但要注意保护自然环境，不能影响生态平衡。

随后，袁庚等人陪同习仲勋参观了三洋电机厂和饼干厂。

三洋电机自头年9月从劳动密集型转向技术密集型项目，得到习仲勋赞许。

袁庚向习仲勋介绍三洋电机日方经理，习仲勋高兴地与他握手，询问中日双方合作的情况。参观过程中，习仲勋对日方经理说，中国人与日本民族一样，都是勤劳、勇敢的，并希望他们与工业区加强合作，把企业办得更好。他还在留言簿上签名留念。

中午，袁庚等人陪同习仲勋在南海酒店用餐。习仲勋反复强调，"四菜一汤很好"。[7]

习老这一年已75岁，依旧关心、支持蛇口工业区，让袁庚等蛇口人深受感动。

---

7 《习仲勋同志再次视察蛇口工业区》，《招商局蛇口工业区文件资料汇编》（第八辑），1989年10月，第4—5页。

十几年来，袁庚与一批志同道合者，努力把蛇口打造成他们心目中的桃花源。

第五章

蛇口试管

岁月一天天爬上袁庚的脸，他的心却像年轻人一样什么都想试一试。1984年岁末，在蛇口工业区碧波中心剧场举行的“当代香港经济研讨会”上，袁庚应邀讲话。袁庚的“招牌菜”照例是说他的蛇口：“我们把这两平方公里多一点的地方，作为一个实验场所，看看什么叫中国特色的社会主义，看看此路通不通。如果不通，我们在实践法庭面前只好承认我们没有生存的权力，我们愿意接受法庭的审判。”

十几年来，袁庚与一批志同道合者，努力把蛇口打造成他们心目中的桃花源。袁庚是积极乐观的理想主义者，敢冒风险，事必躬亲，在蛇口工业区创造出很多个“全国第一”，影响并推动了中国改革开放。袁庚又是坚守底线的清醒主义者，人格独立，自重自爱，掌握香港招商局与蛇口工业区即便有不少失察、失误之处，但坚持原则，敬畏规矩，始终不被权力所腐化，最终平安着陆，安享晚年。

袁庚（左二）请来“玫瑰二刘”在蛇口种玫瑰

袁庚（站立者）向来蛇口的人们宣传蛇口

袁庚说要批评袁庚

在蛇口办一张小报的念头，袁庚已经琢磨了两三年。袁庚是个明白人，这些年没有新闻媒体人的推动，蛇口工业区不过是“养在深闺”的“四不像”。蛇口需要有一个为本地改革鼓与呼的舆论阵地，同时也需要激浊扬清的批评、监督阵地。在蛇口办报的重任，袁庚锁定了韩耀根。

韩耀根，原上海《世界经济导报》编委，曾在该报发表他采写的《有胆识的企业家袁庚》，袁庚多次邀请他南下蛇口办张小报。1984年4月间，蛇口工业区党办秘书奉命写信跟他商定调动事宜，他接到蛇口工业区党办秘书的信，信中透露邓小平对“时间就是金钱，效率就是生命”的口号做出正面肯定。他在1984年4月30日的《世界经济导报》头版头条抢先发表了这一全国“爆炸性”新闻。

1984年最后一天，在蛇口工业区政治、文化生态史上，是有着特殊意义的一天。

1984年12月31日，《蛇口通讯》试刊号正式出街。

韩耀根在蛇口码头的报摊边，向路人分发四开小报。袁庚从香港赶过来开会，拿到报纸向韩耀根表示祝贺，并询问反应怎么样。当听说试刊号有一篇某经理的就职演说，职工觉得受不了，袁庚说："这怎么行？我们的报纸是特别要登批评领导的。"并交代韩耀根："最好是登篇批评袁庚的，人家就抢着买了，深圳就抢着买了。"

是真的还是假的

韩大记者一时琢磨不透。其实袁庚从自身的经验领悟到：不要让屁股指挥脑袋。他出狱后骑自行车外出，时常被擦身飞驰的汽车吓个半死，痛恨司机。当安排工作有车接送之后，又对挨着汽车乱走影响交通的自行车大为光火。一个人的这两种状态全是因为影响思想情绪的屁股所处的地位不同造成的。蛇口工业区创建之初，对招聘来的“黄埔军校”学员，袁庚提醒他们，在毕业后进入大大小小的工作岗位，进入大大小小的权力圈子里，权力对人往往有副作用，像抽鸦片烟越抽越上瘾，失去监督的权力，必然导致腐化。袁庚说：“基督山伯爵报复仇人的方法还不够厉害，最厉害的办法是给他很大的权力而不去监督他，让他自己烂掉。”

人是有弱点的，袁庚也是。他在自己提出争议性口号被小平同志肯定之后，一时风光无限。媒体人注意到，他向中央领导汇报工作的时候，开始喜形于色，张扬个性，乱挥手臂，有人看不懂，有人说他会“死”得很惨。

1985年2月17日，《蛇口通讯》编辑部收到一个电话：“我准备写一篇批评袁庚的文章，你们敢登吗?”“你敢写我们就敢登。”两天后即大年三十那天，韩耀根收到署名甄明伲的《该注重管理了——向袁庚先生进一言》的文章。

2月21日，大年初二夜里10点钟，袁庚在蛇口家里接到韩耀根从编辑部打来的电话，谈有一篇批评他的稿子请他审核。袁庚听说有批评他的稿子，果断答复道：“不要送审，编辑部有权发表。”终于有人敢写文章批评他，这是需要勇气和智慧的。他不知道批评他的具体内容，但可以肯定的是，有人发现并指出他所存在的问题，让他及时纠正或改正，是他的幸运。他说：“有这样的批评好，我们就是要在这块地方缔造一个让大家畅所欲言的民主社会，否则要我们1000多名干部干什么?”次日初三，他与江波、许智明等领导去码头为内蒙古第一书记周惠送行，韩耀根对他说，按常规批评稿见报前需本人过目核实，稿子还是让他看看为妥，他答应了。随后他去拜见到访的谷牧，晚上到几个老同志家拜年。10时许归家，保姆说报社领导送了一篇稿子过来，《该注重管理了——向袁庚先生进一言》，是那篇批评他的稿件，署名：甄明伲。

对于批评自己的稿件即将见报，袁庚已有思想准备，但当他看到批评他不重视管理还是有些惊讶。实事求是地说，袁庚非常重视管理，从他一开始就向清华、北大索要管理才俊，从培训班仅有两门课程一门管理一门英语即可看出。但是，重视并不等于有效，有心并不等于他具备“一个优秀企业家所必须具备的管理能力”。

看完批评稿，已是夜里11点了。他估计韩大主编一定忐忑不安地等待他再次表态，还在办公室等电话。电话打过去，小韩果然还在。袁庚说：“已经看过了，我认为可以一字不改，照发。”小韩还有些迟疑，袁庚又说技术性修改也不必了。

考虑到这样一件大事，空口无凭，执行者会有顾虑，于是他在批评他的稿件上写道：“这封信的内容写得很好，基本符合事实，可以一字不改加以发表，别人有不同意见也可以刊登讨论。”

他对来稿称他为“袁庚先生”觉得有些疏离，以商榷的语气说："明伲同志似是这里的一位干部，是否可征得本人同意改为'同志'？这样更亲切。"

他言犹未尽，重申"只是建议，不是审查。除非牵涉根本方针政策，本人又没有把握的情况下，多征求大家的意见总比编辑部少数人意见更全面"。

韩耀根又试探性地问道："可否把刺激性的话改去一点?"

袁庚说不必了。

2月23日，大年初四上午，韩耀根到袁庚家拿稿子，又重复昨天的请示："要不要把批评稿中过于尖锐的话删掉几句?"

袁庚笑着摇了摇头："不必删了，我还提了一点意见，你回去看看。"

袁庚继续说："美国总统罗斯福都敢宣告'要有免除恐惧的自由'，难道我们共产党人还不如资产阶级有眼光、有气度、有魄力？掌权的人呀，就是需要有一帮不怕权势的老百姓去监督才行哪。"

袁庚指指砂糖橘请韩耀根尝尝，说这种橘子上海是没有的，接着说："报纸要放开手搞。今后见报稿子你可以自己决定，不要送审。除非你觉得需要大家讨论一下，帮着你把把关。”

2月25日，韩耀根把头版报眼连头条的最突出的位置划出来刊登批评袁庚的稿子，觉得“火药”还不够重，又根据袁庚所强调的“免除恐惧的自由”的意见，赶写了一篇短评：

“恐惧”，告别吧！

读了上面这封信，直感到一股清新的民主之风。

甄明伲敢于直率进言，一是为公二要有勇气。无私无畏即自由。能作“自由谈”者，一定是出于对袁庚同志的信任。

然则，甄明伲似像匿名。作者大概有难言之处，反映了某种程度上的“恐惧”心理。这说明工业区民主风气的形成，尚需要一个过程。美国历史上领袖人物曾说过：要有消除恐惧的自由。美国人尚且敢于把它刻在碑上，以勇于探索为崇高使命的蛇口工业区人，岂能再让“恐惧”禁锢自己的头脑。“恐惧”，告别吧！

这一篇开创同级报纸批评同级党委先河的《该注重管理了——向袁庚同志进一言》，刊登在1985年2月28日

《蛇口通讯》试刊第三期头版的显著位置。

袁庚同志：

首先向您本人和由您领导开拓的蛇口工业区的事业表示由衷的敬意！

我是一名仰慕您的威名而投奔蛇口的青年，来此已有两年多了。这两年间，蛇口在全国的声誉与日俱增，在一些人的心目中越发光辉夺目了。然而，在我和一些生活在蛇口的青年人心目中，忧虑的阴影却也在不断地扩大。我希望能借《蛇口通讯》的一角，向您直率地进言。

袁庚同志，您作为蛇口工业区的开创者，首先响应党的十一届三中全会提出的对外开放，对内搞活的经济方针，打开了我国对外开放的门缝，确立了以工业为主，产品以外销为主的建设工业区的方向，大胆提出了“时间就是金钱，效率就是生命”的时代口号，这些都充分表明了您具有政治家的远见卓识和雄伟胆略。但是，我觉得您还称不上优秀的企业家，因为，蛇口工业区从1981年底基本完成“五通一平”基础工程建设后，逐步进入了一个更加艰难的企业管理（或者说是社会管理）的阶段，我们却没有明显看到您表现出一个企业家所具备的管理能力。工业区的整体管理水平很不理想，您不能不负主要责任。

该注重管理了

——向袁庚同志进一言

袁庚同志：

首先向您本人和由您领导开拓的蛇口工业区的事业表示由衷的敬意！

我是一名仰慕您的威名而投奔蛇口的青年，来此已有二年多了。这二年间，蛇口在全国的声誉与日俱增，在一些人们的心目中越发光辉夺目了。然而，在我和一些生活在蛇口的青年人心目中，忧虑的阴影却也在不断地扩大。我希望能借《蛇口通讯》的一角，向您直率地进一言。

袁庚同志，您作为蛇口工业区的开创者，首先响应党的十一届三中全会提出的对外开放，对内搞活经济的方针，打开了我国对外开放的门缝，确立了以工业为主，产品以外销为主的建设工业区的方向，大胆地提出了「时间就是金钱，效率就是生命」的时代口号。这些都充分表明了您具有政治家的远见卓识和雄伟胆略。

但是，我觉得您还称不上优秀的企业家。因为，蛇口工业区从八一年底基本完成「五通一平」基础工程建设后，逐步进入了一个更加艰难的企业管理（或者说是社会管理）的阶段，我们却没有明显看到您表现出一个企业家所必须具备的管理能力。工业区的整体管理水平很不理想，您不能不负主要责任。（下转第四版）

牛劲

团”。蛇口镇上的渔民早已今非昔比。除夕之夜，爆竹放得最多的，就是蛇口镇上放掉了十万头爆竹。

区各方面负责人一齐观摄的《蛇口人》毛片。集，记录了蛇口人创业英除夕从北京赶回蛇口

“恐惧”，告别吧！

1985年2月28日，《蛇口通讯》试刊第三期头版

工业区的事业是在迅速扩大，但管理机构膨胀扩大得更迅速。人浮于事，机构臃肿的现象在直属机关、公司越来越多地可以发现。过去一家拍板，可以马上办成的事，现在需要“过五关，斩六将”的艰苦了，一些刚到蛇口的同志最吃惊的，不是蛇口的高物价，而是蛇口的效率远不

像传说的那样高。

不少合资企业经营不佳，而这些企业的董事、董事长成为一种名誉职务。有些领导人兼任了十几个董事、董事长，其结果必然是董事不“懂事”，董事会形同虚设，合资企业的管理长期得不到改善。

不少合资厂的工作效率不如独资厂，而不少直属公司的工作效率又不如合资公司，但是，报酬待遇却是独资企业不如合资和直属企业，形成了不合理的分配局面。据说前一时期三洋公司有不少工人退职。虽有一些其他因素，但不合理的分配恐怕是一条重要原因。

还有，工业区已发展成一个小社会，人口剧烈膨胀，各种社会问题接踵而来，可是对于如何有效地利用有限土地；如何使占职工队伍中绝大多数的青年人有丰富的业余文化生活，解除他（她）的苦恼；如何解决青年男女比例失调可能造成的社会问题，如此等等，有些问题早已存在，但我们工业区却长期没有重视去制订一个扎实的规划。我们的规划室据说还没有学建设规划专业的工程师。

再有，工业区各直属公司名义上是独立核算单位，其实是混在总会计室里“吃大锅饭”。工业区的清产核资直到去年下半年才基本完成。基本资产尚未核定，哪来真正的“独立核算”？工业区至今没有一个有效的统计部门，因此，也没有一套经得起推敲的、有根据的统计数字。各公司的经营指标只能靠少数人拍脑袋制订，一旦突破，马上调整指标，进行加码，把各公司奖金拉到一个水平线上。这种考核制度不能说是先进的。

例子还可以举一些。总之，我们总有一个感觉，工业区在全国对外开放、体制改革方面确实是走在前面的，然而在管理上却是落在后面的。

效率就是生命，效率来自管理。工业区管理倘若长期落伍，就会丧失生命力。

袁庚同志：请您学习一下管理、注重一下管理好吗？

甄明伲

1985年2月

在春节过后第一天的上班日，也就是蛇口直属公司以上全体干部参加的迎新团拜会上，袁庚将即将出炉的《蛇口通讯》要刊登批评他文章的消息公之于众。袁庚相信，真正的民主应该是把权力交给老百姓，让老百姓有知情权与监督权。在蛇口，不仅要敢于进行经济体制改革，也要敢于进行与之相应的政治体制改革，努力实现邓小平1980年就提出过的关于政治体制改革的设想。袁庚设想在蛇口这块弹丸之地打造一个充满自由度的政治生态环境，目的是鼓励蛇口人敢于拿起舆论利器，帮助蛇口干部掌握好公权力。这是政改的诸多突破口之一。在会上，他强调说："在蛇口当干部，就是要为这个地区的公民和外商投资者服务。你服务得好不好，不是由你说了算，而是由蛇口全体公民和外商投票说了算。这样，这里的干部，包括我在内，就不能不接受全体蛇口人的监督。我们成立了各种社会团体，这是一种压力公器，是一只监督我们的'眼睛'；现在我们办起了报纸，这又是另一种压力公器，于是我们又多了一只监督'眼睛'。现在有两只'眼睛'盯住我们了，目的无非就是叫我们用权小心，不要'心血来潮'、忘乎所以，真的要'如履薄冰，如临深渊，小心翼翼'才行。因为，我们手中的权就是全体蛇口公民托付给我们的。"

最后，袁庚在会上再次宣布："在蛇口办报，除了不能反对共产党，不能搞人身攻击之外，凡批评工业区领导的文章，都可以不用审稿。希望在座的干部，都能看看马上出版的《蛇口通讯》。"

此刻，老共产党人袁庚用了三大前提来强调、约束他所说的“不用审稿论”。其一，不许反对共产党；其二，不能搞人身攻击；其三，批评范围界定在蛇口工业区内。

虽然与会干部都明白袁庚正在努力拓展一个令人难忘的局面，但是，他的讲话并没有消除所有人的疑虑，无论他讲得如何诚恳，一次讲话并不足以让听众相信蛇口人从此便有了“免于恐惧”的自由。

会后，袁庚找来主持党务工作的乔胜利，商讨党委应该如何支持报纸开展批评与监督。

在蛇口工业区，袁庚是党政一把手，在这个政企合一、党政不分的小社会里拥有绝对的权力。当时，有人叫他“袁总督”，更有甚者，还有喊他“袁大头”的。袁大头者，民国初年权倾一时的袁世凯也。

在报刊上指名道姓地批评领导，迅速取得了双赢的局面。

香港招商局董事副总经理江波在工业区培训中心的讲台上，对新学员说：“我们工业区在一片赞扬声中确有不少问题，读了第三期《蛇口通讯》后，感到吹来一阵清新之风。甄明伲同志建议学习管理，这不仅对袁庚同志，也是对我们这些处在领导岗位的每一个干部讲的。问题提得好！”

一个内地记者在采访工业区管委会副主任王今贵时，不无担忧地提出批评袁庚的信最好登内部简报，公开报道怕影响不好。王今贵说：“我们以前的观念不对，好像一公开批评谁，谁就得下台。依我看，在蛇口这类批评多了，大家也就慢慢习惯了。”

是的，多年来，我们的一些干部只能吹不能批，袁庚就想拿自己开刀，把对干部的批评监督从“异数”变为常态。公开批评领导的做法，立即引起蛇口人民的赞赏。

蛇口通讯公司经理李桂认为，干部有问题，就得让人批评。《该注重管理了——向袁庚同志进一言》（以下简称《进一言》）开了个好头。

对这个问题看得相当透彻的是培训中心图书馆馆长顾承原与集装箱厂职工周远大。顾承原说：《进一言》为全国舆论界之首创，这表明在蛇口除了政府和企业之外，又形成了第三方势力——民意。报纸一旦给群众发表意见的机会，打小报告和传小道消息的人将会大大减少。

周远大在《蛇口之希望——读〈进一言〉有感》中，称甄明伲的出现是“民主的新曙光”。

在批评中获益最多的还是袁庚本人。

三洋厂女工赵艳萍向《蛇口通讯》投寄《特区需要管

理——与袁庚同志商榷》的批评稿。看看，一个来自内蒙古的小丫头要与“袁大人”“商榷”、对话、互动了！

袁庚曾对黄宗英讲过一个小青年指着鼻子批评他的故事。

他说：“有一回，工业区开全体职工大会，我发言，自以为思想够解放的了。讲完话，掌声也挺热烈。散会时，一个小青年从人群里挤过来，对我说：‘袁总，从你今天的讲话，说明你已经从自己的顶峰上往下坡落了。你的思想如果不更新，那就不仅是停滞，而且要成为工业区前进的障碍。你该考虑让位了。’你听听，你听听，这个青年多可爱，多可爱！我的老战友，我的亲生儿子，也不敢这么跟我说话啊！中国有这样的青年，中国大有希望！我们有多少悲剧，不就是因为某些领导人听不见批评意见，哪怕是半点不同意见吗？”

袁庚始终认为，新闻监督是人类文明的产物，现在的舆论监督还未得到充分发挥。他坚信，舆论监督是监督和制约权力的锐利武器，威力不小，不少人“不怕上告只怕见报”。

《进一言》在刊出20多天后，掀起了巨大的“新闻冲击波”。

1985年3月23日 星期六 第四版

人民日报

蛇口工业区管委会主任袁庚发扬民主

支持报纸指名道姓批评自己

他认为群众有意见就应该让他公开讲。只要不是对党和政府进行恶意攻击，不是人身诽谤和造谣中伤，便应当欢迎

全心全意为人民服务的教育

要深入扎实地开展有理想

南京市驻军积极支援整治秦淮河工程

坚决主动地纠正新的不正之风

银川

1985年3月22日，《人民日报》发表评论文章

3月21日，《羊城晚报》头版头条转载了《进一言》全文，并配发评论，题为《从袁庚说到其他》。一天后，中国最具权威的纸质媒体《人民日报》于四版头条进行转载，题目是《蛇口工业区管委会主任袁庚发扬民主——支持报纸指名道姓批评自己》。

同时，《光明日报》也在头版显著位置以《蛇口新事：袁庚闻过则喜》为题报道。新华社、中国新闻社同时将上述信息向外播发，中央人民广播电台口播了这条新闻。两日后，香港《大公报》《文汇报》《信报》等相继刊登蛇口“袁庚纳谏”的新闻。

《蛇口通讯》因点名批评同级党委书记之举而震惊全国新闻界，它表达了蛇口群众“要按照宪法造成一种充分能够表达人民意志的社会”的信念，被赞为“这是一个创举”，这是民主的新曙光，是蛇口的新希望。一年后的1986年6月，1985年度全国好新闻评比揭晓。《进一言》荣膺四个特别奖之列。一张未公开发行的内部小报上的文章，荣获了年度全国好新闻特等大奖，在中国新闻史上，书写了前无古人的绝唱。

“风月片”、《龙虎豹》、唐太宗

年轻人在他乡播种爱情，也有一些人给年轻的工业区播下麻烦。

袁庚接到好几份汇报：三洋厂女工非婚怀孕呈上升趋势，某某企业女性在医院做人流的日渐增多……

正当政工干部、妇联干部期待袁庚会以严厉手段整肃社会风气，加强思想、道德教育的时候，他召集乔胜利等领导研究的只是如何加强对女工进行生理卫生的普及教育，如何引导女工增强自我防护能力。

袁庚对女工怀孕的态度和做法，有人会说他有人情味，有人更会斥之为没有原则。消息传到广州，一批老干部再一次忧心忡忡：改革开放导致资产阶级思想和作风泛滥成灾，卖淫嫖娼如此明目张胆，袁庚如此软弱，蛇口很快就要烂掉了啊！

1985年8月20日上午，蛇口培训中心教务长韩邦凯从香港返回蛇口，违反规定私带黄色刊物《龙虎豹》入境，被海关查获，引起舆论一片哗然。

袁庚在香港听完乔胜利的电话汇报，不由得火冒三丈：太不像话了！

这还了得！韩邦凯不是女工，是受党多年教育的干部，是朱光潜大师的关门弟子，竟然如此伤风败俗，不严肃处理何以净化社会环境！

3天后，8月23日晚，在育才中学阶梯教室召开的专题干部大会上，纪检会对工业区发生的5起违法乱纪事件作了情况介绍并宣读了有关意见，还点了个别人的名字。当然，培训中心教务长韩邦凯违反海关规定私带成人刊物入境被查获的“龙虎豹事件”也名列其中。

袁庚憋了一肚子的火，面色铁青地发表了一通演讲。讲到“龙虎豹事件”时，憋了好久的火终于喷发出来：

“香港这个资本主义社会，三教九流都有，藏龙卧虎之所。不是有个杂志叫《龙虎豹》吗？在香港确实有。但我未想到，在我们这个方圆几公里的小小地方，居然也出现个别同志欣赏《龙虎豹》，这种事确实令人痛心。表面上这个人很正经，很正派也很文雅，文质彬彬，但是，他带了本书，带的是一本海关禁止入境的黄色书籍。他，其实就是一个道貌岸然、男盗女娼之人。个别同志所出现的问题不仅仅是他个人的问题，而且使得海关对我们从香港回来的同志的行李严加检查，我拥护海关的做法。任何一个同志，他做了损害集体利益的事情，你不能在旁不管，认为这个与你无关，如果这样想就错了。”

“我们，主要是我本人过去亦喜欢说些好的情况，这叫报喜，每当中央首长来时，我们就拍着胸脯说，蛇口工业区6年以来，从来没有出现过恶性的刑事案件。”一丝嘲讽的笑挂在袁庚嘴角，那是自嘲的笑，“所谓恶性刑事案件是指杀人、放火、放毒、抢劫、强奸。是的，蛇口没有发生，这是我们唯一可以对外讲的。至于其他呢？不一样藏污纳垢。今天上午党委会讨论家丑要不要外扬，我做了妥协，同意大家的意见，先在这个会议的范围内说一下，如何处理听听大家的意见。”

演讲接近尾声时，袁庚努力克制了自己的情绪，用尽量平和的语气说：“并不因为出现了几件事，就说我们的干部是一塌糊涂。当然有些同志要通过这几件事吸取教训，包括今天纪检点了名的个别干部。有些案件还没有结束，还要做出处理。有人问我，袁庚同志你年轻的时候，犯过错误吗？我说犯过，但起码我还能做点检查，在党的领导下我愿意改正。在坐牢时，有人让我写材料，记得我写了一句话：屡错屡改。专案组的人说我耍滑头。以前有位将军，老打败仗，皇帝要杀他，他写表章给皇帝时就写道：‘臣屡败屡战。’就是说，我虽然打败仗，但我爬起来还是继续打，龙颜大悦。如果写的是‘屡战屡败’那就保不住命了。希望大家共同关心那些犯过错误的同志，不要看不起他们，应该要更加热情地帮助他们，使得这些同志在什么地方摔倒就在什么地方爬起来，站起来，有错就改，继续为党工作。”

最后，他说今天通过这几件事来谈谈自己的一些想法，希望和大家共勉，把蛇口工业区建设得更好。

早在1978年下半年，袁庚到香港招商局调研期间，看到《明报》分类广告栏内献映影片除了“功夫片”“枪战片”“喜剧片”外，还有“风月片”。他请梁鸿坤带他去看风月片，梁鸿坤吓得不敢挪步，袁庚火了：“有什么问题？我带你去！”他看了不到半部“拳头加枕头”的烂片，从电影院出来说：“有什么了不起的，结婚也就这个样子!”

然而《龙虎豹》不是“风月无边”，是赤裸裸的色情杂志。

会后，培训中心按照党委的要求召开职工大会帮助韩邦凯。会议由副主席朱雷主持。中心每个人都要例行发言走过场，会议气氛搞得很紧张，头几个发言的教师习惯性地使用“亚文革”语言对韩邦凯展开批评。

培训中心图书馆馆长顾承原不随大流，坚持实事求是原则，甚至质疑党委的做法：“韩邦凯并不是袁庚同志所讲的那种道貌岸然、男盗女娼之人，他的脾气太好了。我不相信他会违反海关的规定私带黄色刊物过关，这其中一定有原因，请工业区的领导查明真相。但是，袁庚同志和纪检会在新闻发布会上的做法，使人感到工业区党委又要搞一次政治运动了，说到底，袁庚要开始整人了。我们是了解韩邦凯的，希望领导们听听他的解释。”

顾承原的话音刚落，个性极冲的姚中腾地一下站起来。他说：“刚才几个同事都发言批判了，我听了有些不同意见。首先，一个人如果犯了罪，他也有权利为自己辩护，在法庭上还可以请律师辩护。我请问袁董，你在大会上宣布韩邦凯有错误，你找他谈过话没有？有没有听过他个人的陈述?”

朱雷一看阵势不对，赶紧扯了扯姚中的衣角，压低声音说：“别闯祸!”

“你别扯我的衣服!”姚中已经是不吐不快了，“我还没讲完！韩邦凯是一名称职的教师，你难道对他不信任吗？你要是不信任他，何必把他放在这个位置上呢？我们这些知识分子在‘文革’中受的苦难已经够多的了，袁庚和纪委会这种疾风暴雨式的做法，容易出冤假错案。我们已经浪费了十年，我不希望再浪费十年，到十年后再有人来给我们平反。我们是奔着你袁董的民主到这块土地上来的，我们在原来的地方都是受了各种各样的委屈才投奔你的。现在看来，你也是这样的不民主，那么我也可以打着铺盖走路。共产党的天下大得很，不是只有你这一块……”

一场帮教会，反而变成了指责工业区头头袁庚的批评会。会议的气氛再度紧张起来，不仅没有达到预定的目的，反而提前散会，不了了之。

当晚，嗅觉灵敏的新闻人韩耀根马不停蹄地采访了顾承原、姚中和始作俑者韩邦凯。次日，韩耀根致电袁庚汇报情况。袁庚刚听几句，便粗暴地打断他的话：“你不懂。这事性质恶劣，必须严查。”

3天后的下午，袁庚问韩耀根：“你觉得产生‘龙虎豹事件’的最主要原因是什么?”

韩耀根闷了半天也不开腔，直到袁庚问了好几次，才说：“袁董，你至少要把‘龙虎豹事件’的真相搞清楚吧!”

袁庚怀疑他脑袋是不是进水了，再次强调说：“毋庸置疑，这本来就是一件不光彩的事情，再搞清楚真相也没有用了。蛇口人已经给海关造成了恶劣的印象，现在，整个工业区……”

韩耀根打断袁庚的话说道：“袁董你至少要搞清楚这一点，韩邦凯为什么会带那种杂志？为什么他一到海关后，主动将行李包上的拉链拉开，请人检查？那是因为他住在香港的朋友家，朋友的菲佣替韩收拾行李，以为桌上的3本《龙虎豹》是韩的，帮他装进了行李包……”

袁庚猛地打断韩耀根的辩驳，正色说道：“好了，这些就不用说了，我今天来找你的意思很明确，我希望你在《蛇口通讯》上开个专栏，让整个工业区的人们来讨论讨论，一起深挖思想根源，广开言路，大家一起来帮助韩邦凯……”

“袁董，你总是谈民主，让大家广开言路，但是，你听过韩邦凯的话没有?”韩耀根希望他亲自调查，不耻下问，“当你听过他的话后，也许会做出理智的决定”。

“看来你什么都清楚呀!”袁庚痛心地说道，“现在他说什么也没有用了，他的行为已经给蛇口工业区造成了无法挽回的损失。本来，广东省的那帮老领导就盯着工业区，他们说我们这里什么都有，连卖淫嫖娼袁庚都不管!我是不管吗?……好啦，现在说什么也晚啦，我给你最后说一次，你的《蛇口通讯》要着力强调这个事情!你懂不懂我说这个话的意思?要是你的报纸没有好好地宣传，没有在思想上向蛇口人强调这一点，我现在就把丑话说在前头，我绝不轻饶你。”袁庚说完，扭头便大踏步地走了，将韩耀根一个人孤零零地扔在沙滩上。

韩耀根的头有些晕，他有一种在原地快速旋转的感觉。他第一次意识到，眼前这个倡议民主、努力让民众说话的领导，骨子里原本也很专横，很封建，不给人说话的机会。“袁董，你听我说最后一句，”韩耀根争夺话语权，大胆地陈述个人观点，“如果我说了一百句话，其中有九十九句都是错的，只要有一句是对的，袁董，你也要听啊!不然，你就是唐太宗，你的民主就是唐太宗式的民主……”

袁庚的背影突然停住了，像是被韩耀根的话所击中。三秒后，他又继续往前走去。

韩耀根全身乏力，极尽虚脱。“大不了卷铺盖走人!”他念叨着这句顾承原与姚中都说过的话，不断地给自己壮胆。

半个月后，1985年9月10日，中国第一个教师节。在工业区的庆祝大会上，袁庚例行到会，发表感言。他的演讲正如他所言——“并非是长篇大论今后的教育方针，而是借节目一角谈一点‘关于政治上坦诚相见’的浅见。”一个星期之前，他抽空看完了培训中心那次帮教会的记录材料，被震动了，想借用这个场合表达自己的所思所想。

袁庚的开场白显得轻松而愉快：“各位老师、各位同志：40多年前，我也是一名教师，可以说我们有同行之谊，所以，今天我也以一位同行的心情来祝贺我们的节日。4个小时前，中央领导同志在北京主持了一个庆祝会，在全国各地都先后进行了庆祝活动，形成了尊师重教、尊重人才、尊重知识这样一种风气，张铁生、黄帅的时代已过去了。”

“‘四人帮’横行时代，许多教师是在屈辱的日子里度过的，一次又一次的‘政治运动’，老师都得表态，否则就是跟党不一条心。知识分子有他傲雪凌霜的骨气，违背自己的良心被迫表态是一种精神的折磨，是对人的尊严最大的伤害。这样的一个时代终于一去不复返了。”

袁庚那略带灰白的浓眉下露出目光清澈、炯炯发亮的眼睛，他停顿了一下，再度环视大厅，他的声音抑扬顿挫：“如果一个社会没有起码的政治上民主的气氛，就很难造就人才；心情不舒畅或心有余悸，学术上也就停滞不前。40多年前，美国比较开明的罗斯福总统提出要有免于恐惧的自由，如果说要发表一点政治上的见解，经常都是战战兢兢的话，那么很难设想会有一个生动活泼的政治局面。”

至此，他的话锋一转，引入正题。“前几天，培训中心的党员、教师开了一个会，内容是讨论一个同志从香港返蛇口违反了海关禁止黄色刊物进口的规定，受到了海关罚款、批评。在会上，有两位教师，就是图书馆的顾馆长和培训中心的姚老师，能够鲜明地表达自己的政治见解，肝胆照人，铁骨铮铮。他们说，我感到袁庚想整人了，一场政治风暴即将要开始，用不了十年八年又要为某人去平反的。这些话是在正式的会议上讲出的。我看了这个会议记录后，内心感到由衷的自豪和高兴，说明蛇口是有人才的。因为他们不是吞吞吐吐，在那些阳光照不到的地方三三两两去讲，而是正式在会议上、在讲台上表达了自己的政治见解。我说，知识分子就应有这种凌霜傲雪的精神。这里不是评价他们当时的讲话内容是否正确，而是在于他们这种光明磊落、不畏'高官权贵'的精神。这是非常可贵的品质。"

每一只眼睛都盯着他，人人都朝袁庚的方向仰着脸，他的这番讲话使他们越来越激动，掌声试探性地、稀稀拉拉地响起，直至沸腾。

"在大半年前，全国文艺界许多知名人士聚集在'海上世界'座谈。我感觉到，蛇口不致力于办好这样一件事情，就很难发动千军万马办好蛇口工业区，这就是使所有的同志首先在政治上要免除一种发表政治意见的恐惧心理，让大家公开发表自己的这种见解，只要不是号召推翻共产党政权，不是人身攻击、造谣惑众，一律不许有打击报复'穿小鞋'。今天我谈的这个问题，旨在希望能倡导这样一种风气。我想，如果蛇口工业区没有许许多多像顾馆长、姚老师这样的人，都噤若寒蝉，我们的事业就很难正确地继续下去。"

袁庚的目光从第一排的听众身上移开，落在了最后一排的顾承原身上。他并不知道，对方之所以坐在最后，是准备在继续挨批时跑路的。现在他脸上漾出微笑。

袁庚双手交叉抱在胸前，再一次发表了激情演说：

“虽然党委会、管委会也是由大家直接投票选出来的，一年之后你们过半数不信任可以改选，但这一年当中，这些同志究竟是不是按你们所委托去为你们办事呢？这就需要每一个同志都能够以主人翁的精神，敢于对任何领导，不管你是哪一级的，进行工作评价，而不是排他性，在下面私下去讲。本来蛇口工业区形成了一个很团结的、稳定的、有生气的局面。通过‘小道’流言，不正派的排他活动，就会破坏整个大好的团结大局。对于政治上、组织上、人事上有不同见解的同志应该有顾馆长、小姚同志这种精神，在大会上侃侃而谈，面不改色，这样才是真正大丈夫所为，蛇口人的风度。人们都能肝胆相照，勇于批评与自我批评，蛇口的政治局面将会朝气蓬勃。”

“今天，利用这个机会重点说了知识分子、干部（当然也包括三百多名在座的老师）要有良好的政治透明度问题，推行政治上直接参与的民主，使得每个人都能畅所欲言，共同关心和共同办好工业区，这个决心我们是下定了的。”

讲话结束时袁庚长舒了一口气。他放下了沉重的包袱，把自己放在了阳光下。

次日袁庚收到顾承原的一封信：

现在各级领导的思维方式，倘若只遵循向上负责、向下追究的原则，而不是强调颠倒过来的话，民主永远是一句空话，蛇口也永远根除不了“官不畏民，民畏官”的劣根。因此，发扬民主应先从蛇口最高行政机关——管委会开始，而袁庚同志更要带头提倡民主作风。

6天后，袁庚在部署工业区整党会议上再次表示：两位老师所发表的意见可能失之偏颇，但就其公开阐明自己的意见，抨击工业区最高领导人的精神，是值得称道的。他说，对于敢于发扬社会主义民主的人，要像对珍稀动物熊猫那样加以保护，以免“绝种”。

从年初“纳谏”，到夏末初秋被动地接受来自两位小人物的指名道姓的批评，蛇口人逐渐明白，袁庚在蛇口倡导“免于恐惧的自由”是从监督和限制蛇口“最高长官”滥用权力作为起始点的。

“民选官”“民评官”
——“桃花源”风景（一）

时间走到1985年暮春。这天夜幕低垂，蛇口育才中学阶梯教室里灯光明亮，培训中心第三期学员毕业典礼暨第四期培训班开学典礼同时举行，欢送41名三期学员奔赴工作岗位；欢迎来自全国8大城市和2个经济特区的149名新学员加入“黄埔军校”。如此盛会，香港招商局和蛇口工业区党政领导悉数与会。忙碌了一天的袁庚，又一次登上讲台，即兴演讲，去点燃即将成为蛇口建设主力军的两期学员心中的激情。

“这几年，我们想从事一项工作，即在这个小范围内探索中国的经济改革。几年前我们讲‘冒险’，小平同志来了，我们改为‘试验’——在‘试管’里试一下，看看试出的是怪胎，还是漂亮的小孩。”

这是袁庚首次把蛇口比喻为“试管”。

袁庚解释道：“1000多年前，陶渊明写的《桃花源记》用塑造世外桃源去斥秦之暴政。资本主义萌芽时期出的《乌托邦》《太阳城》之类，我年轻时读过，现在已经模糊了。它们都属于不满现实的幻想之作。而我们塑造的却是思想境界很高的社会，是完全不同于它们的新的‘桃花源’。”

他强调这个“桃花源”是一个“免除恐惧的自由”的社会。“你讲的话只要不是推翻现政权，不是反对共产党，不是搞人身攻击，可以在公开场合上指名道姓批评。总之，有恐惧心理的社会，不是我们所向往的社会！”

为了帮助工业区领导审时度势，袁庚说：“这两年，我们这里成立了许多学术团体，可以批评党委、管委会，我们叫它‘压力团体’。这些团体只要遵守我们宪法，不搞排他性，开会时允许别人旁听，就允许它注册。4月24日管委会要改选，各种团体要进行活动，管委会成立要开新闻发布会，接受干部群众的质询，使整个领导班子完全置于群众的监督之下，造成一种民主气氛。”

袁庚还对学员进行了必要的“提醒”：“我们已经建立起外向型的产业结构，现在的问题是，大学电焊专业毕业了，不愿去工厂干电焊技术专业，而愿意做买卖，当经理，去什么茶楼酒馆，交朋结友。他们认为在工厂敲敲打打，何时才能打出头？所以工厂管理，尤其大厂管理一直上不去。现在大家要评功，依我看，就是要到工厂去评。我不是讲不要搞商业，不要重视第三产业。资本主义《原富论》还讲个资本积累哪，我们当然要讲商业，讲第三产业。但是这些产业必须为工业服务，为职工服务，为外商服务，而不能去炒买炒卖，不要去赚内地的钱。”

袁庚期望有一批头脑清醒的干部，对工业区发展十分明白的人，既要避免权力介入经济领域形成腐败的温床，又要真抓实干推动经济的发展。

蛇口工业区管委会是1983年4月间经民主选举诞生的，管委会每届任期两年。1984年4月22日，工业区党委、管委会首次举行年度信任投票。蛇口工业区300余人投票，以袁庚为首的管委会获得295张信任票，袁庚收获1张不信任票。

1985年4月中旬，第二届蛇口工业区管委会将直接选举产生。届时，将有500多人参加推举候选人，有1000多人参加正式选举。新的一届管委会9名成员将从15名候选人中产生，最后，报招商局批准。

4月4日，蛇口工业区党委和管委会联署出台了《招商局蛇口工业区管委会组织暂行条例》和《招商局蛇口工业区管委会选举暂行办法》，并成立了选举工作小组，负责办理管委会选举的具体事宜。

4月13日，9点半，距离第二届管委会候选人推选大会不到48小时，袁庚收到了两封信。一封是国务院发展研究中心研究员丁宁宁让顾立基转交的。另一封是匿名信，署名钟高。袁庚历来有自己拆阅、批阅群众信件的习惯，极少劳烦秘书。这个时候，招商局已经给袁庚配了秘书。

袁庚展开丁宁宁的信。袁庚认识他，顾立基的清华同班同学，1982年5月，他和顾立基曾结伴到袁庚北京西苑的家聊天。当袁庚极力撺掇丁宁宁来蛇口时，丁宁宁反诘一句："如果有整个南头半岛我就去，你只要了二点几平方公里，我去干吗？"

在信中，丁宁宁对袁庚即将展开的直选尝试充满忧虑，他委婉地告诫袁庚，现在还不是搞直选民主的时候，"文革"后大多数老百姓对此不感兴趣。此外，蛇口的战略转折还未完成，要保持技术干部队伍的稳定。目前，把民主作为监督的形式，而不是权力更迭的形式。建议蛇口效仿香港实行总督制，对管理层的监督应靠厂、经理联席

1984年4月23日举行的首次蛇口工业区为领导班子的信任投票，袁庚（左二）投下自己的选票

蛇口工业区每年举行一次对领导班子的信任投票

会议。

读完信，袁庚淡淡一笑。小老弟，谢谢你的提醒！这是一个试验，一次民主尝试。在中国总要有人去做，总有一个地方成为试验田。简而言之，即便是失败了，也总要有人去“试错”！

另一封火药味很浓的匿名信，署名为“钟高”是“忠告”的谐音吧！信中称：“周为民正是自称是‘甄明伲’的作者，还有一帮人在帮他‘吹抬’，以拉选票。”信中表示，袁是不会不知道此事的，是在玩弄“民主”的游戏！还附了一张写给韩耀根的便条：请你将此信交给袁庚，否则将采取进一步的行动，并希望韩不要参与这种游戏！

嗬！袁庚恍然大悟，原来是你啊！“纳谏”中的“甄明伲”就是周为民！

说实话袁庚一直很欣赏这位热血青年，也曾用尽心力保护过他。就凭他那一股冲劲，我就应该想到是他写的！可我恰恰被蒙在鼓里。

当袁庚刚刚看到这封信的时候，还有点止不住发笑。为了拉选票，周为民也不管不顾，将自己写过匿名信的事情都兜出来了。可见，这次的民主尝试还是吸引了不少年轻人的。但到了后来，他越想越觉得这封信并没有自己想得那么简单。说我在玩弄“民主”的游戏？否则将采取进一步的行动？行动？什么样的行动？

袁庚冥想片刻，决定不去理会这个可怜的警告。

丁宁宁并不看好这场民主尝试。他坚持认为如果蛇口选择总督制，也许另有一番天地，毕竟，总督制不需要经过一系列复杂的程序，而一场大规模的民选从某种意义上来说，不免会让人伤筋动骨。他认为，在1985年的春天，袁庚所坚持的民选活动是在经济不具备的情况下开展的，是真正意义上的早熟。后来丁宁宁说：“我的信得罪了袁庚，他好长时间都不理我。可是，蛇口是我的研究对象啊！1992年以后，袁庚退位了，我应顾立基之邀去蛇口讲课，袁庚一见我就说，当时要是听了你的话，多要点地方就好了！”但对于这封信他从未提起过。

4月14日下午2点零7分，第二届管委会的选举动员会在育才中学阶梯教室召开。招商局人事部经理张为民主持会议，第一届的两委委员在主席台就座。当张为民刚宣布会议开始时，袁庚就举着两封信站了起来。

“我首先念一封信给大家听，这是我国年轻的社会科学家和经济学家丁宁宁写给我的，我最近没有见到他，他听说我们民主选举产生管委会，忧心忡忡，提出了自己的看法。下面我给大家念念。”

丁宁宁的信读完后，他语气笃定而诚恳地说：“也有人与信的观念相反，认为全国进行一场选举试验，蛇口工业区是最有条件的，因为工业区人员的平均年龄只有24岁。有很多朋友鼓励我们大胆尝试。当然，可能会失败，所以，我们选择企业做尝试。除了耀邦同志点头，董事会也下定了决心。如果是选蛇口工业区政府，需要经过深圳市、广东省的安排。”

袁庚的声音听起来坚定而有力。他顿了顿，继续道：“我们搞民主选举已经两年了，内地来的同志反映，干部都很年轻，没有架子。我们的办公楼，谁都可以来，可以直接走进去，我们这里‘衙门没槛，见官不难’。我们的干部和普通职工一样骑自行车上班，工作干得还比别人多。去年的民意测验，我们又推进了一步，今年的4月24日，全体干部选举，相信一定会选出大家满意的班子。大家可能会担心，如果选出的干部不如上届呢？我们还有一条，如果上台后搞阴谋诡计，贪污腐化，群众可以罢免他。此外，还有一条，我们招商局还要审查批准。”

“希望大家耐心听一下，这是第二封信，一封匿名信。”袁庚给大家念完信后，说道：“信的作者的推论是否合乎逻辑我不去批评。这封匿名信上说，这是一箭双雕，又扬名，又助威。我可以坦率地讲，《蛇口通讯》总编辑过年急急来找我，给我看信时，我认为信上写的是合乎事实的，审查都不必要，不然要总编干什么？有个教授半夜打电话给我说，他是从北京的病房打过来的，说我鲁莽，说香港把袁庚骂得一塌糊涂。我说，我们要看看社会舆论承受的压力。我认为，微观管理我是不行，不然为什么从全国各地那么辛苦地网罗人才？为什么招商局的培训中心，在今年的大年初一，要不远万里到美国、加拿大挑选人才？我们就要解决微观管理，不然不会这样糟糕。但宏观方面，我们两委还是有一些本事的。这次人大和政协对海南的倒卖汽车有意见，但我们蛇口就没有这方面的问题了。我对写这封信的人，这位叫‘钟高’的人已经作了评价，他害怕，恐惧，反过来，他如果有胆量，就把自己的名字亮出来，如果这些压力也承受不了，一旦他掌权，他能承受什么？我不是在玩游戏，我也从不玩游戏。6年来，我和大家一起努力！我为什么这样做？很简单，我不想到了晚年抖抖地写‘谁办事啊……’”

台上台下一片笑声。

“我希望不要搞这种政治游戏了，这很没有蛇口人的风度，政治风度!”袁庚稍事停顿，正色道，“大家投票时要思想，可不可以在选举时进行竞选活动，为某某某助选行不行啊？我们不提倡也不反对，但是，我们不搞阴谋诡计，不要人身攻击，我们要堂堂正正地去做。”

最后，袁庚说：“对这个地方的命运，取决于我们的共同努力，我们将共同创造出一个民主的气氛。有人问，你退下来行不行？我说，我只起三个作用。第一，可以‘通天’，告诉到中央。第二，大方向我出点主意，这几年来坚持‘以工业为主’，不义之财不赚。第三，有不同意见，可以代表上面领导拍板裁决。但是，我的这种作用会越来越稀薄，这是好现象。我的话讲完了，谢谢大家。”

掌声响起，经久不息。袁庚站起来，给大家深深地鞠了一个躬。

在自由提问环节里，顾立基站起来提问，这是继武克钢在一个月前的选举动员会上发难后，袁庚所面对的第二次质疑。顾立基提了三个问题，其中一个是，“管委会成员应该有比较多的同志是管过企业的同志，我看了看这个选举法，似乎比较容易当选的是两委中工作的同志，而基层企业的同志出面比较少，机会不平等，我希望——”

“为了解决这个问题，所以要开新闻发布会，这个办公室要负责。”袁庚打断了顾立基的话，急切地说，“为什么不创造条件让他们亮相？班子搭配是否能好，希望同志们在写选票时注意这个问题。”

顾立基希望党委与管委会的组干部门平时能给基层的同志创造机会。

袁庚点点头说：“这个意见很好，以后两委开会作为第一议程。”

绝大多数年轻干部在关于民主选举的大方向上是非常支持袁庚的，仅仅是在具体操作的层面有不同的意见。由于蛇口民主空气浓郁，下属可以直接和袁庚公开碰撞，通过争论，使选举的方案更具操作性，更好地为工业区的政治改革服务。武克钢也好，顾立基也好，绝大多数的蛇口人着迷于袁庚的思路：通过民主选举，建立一支对百姓负责，为百姓服务，完全置于百姓监督之下的干部队伍。他们支持袁庚做的试验，自己也成了试管里的风景。

1985年，高个子的袁庚背稍稍有些驼了，高鼻子之上的眼睛也眯缝着，老花得更厉害了。头顶上的风景寥落而稀疏，不靠染发剂的话，早就白成圣诞老公公了。

打造一个物阜民康的“桃花源”理想，进行一项探索性的民主试验，这一切，使得68岁的袁庚精神状态良好——更加轻松、更加风趣、更加顽强。他并没有过多地为自己考虑，比如说晚年的“安然着陆”，比如说在经济上搞点甜头，只是又开始了另类形式的“冒险”。

4月15日至4月24日期间，袁庚在蛇口度过了紧张的10天。4月15日，管委会候选人推举大会。393人参加投票，另有31人委托他人投票。发出424张选票，收回416张。按投票数多少计，15人被选为第二届管委会候选人。袁庚名列榜首，票数323；有93人未投他的票，占总数的22.4%。

4月19日至23日，是管委会候选人的演讲与答辩会。24日，正式选举第二届管委会的领导班子。为了全程亲历体验，袁庚暂且搁下了香港的工作，长时间驻扎蛇口，用他的话来说，此举打破了他个人蹲点蛇口的“吉尼斯纪录”。

其间，4月18日上午，袁庚收到了选举小组送来的东西：第二届管委会候选人的书面问答。在第一轮选举中被选出的15名候选人，除了无一例外地向选民报告自己的施政意见外，还必须回答5个问题。当然，这是袁庚倡议的。群众为什么不可以搞搞“官意测验”，检查一下他们当“公仆”的水平?!

袁庚花了一个小时，洋洋洒洒地写下了他的施政纲领。但是，随后的5个问题，倒令他呵呵一笑，这些问题其实还挺刁钻的，不简单。当初他只是提议要给候选人出出难题，考倒他们，现在，这个难题就横亘在自己面前。

他围着桌子走了好多圈，冥想，苦想，直到他深思熟虑后才在稿子上一一回复。

第一个问题：您认为蛇口工业区目前最突出的问题是什么？如果你当选的话，首先要抓好的三项工作是什么？

答：我曾经宣布过，我退出“竞选”。但无论谁当选，我认为都应该：

1. 毫不动摇地坚持以工业为主、石油服务为主、外销为主的外向型经济结构。必须使外汇有更多的盈余，这是生死攸关的大事。

2. 抓经济管理，抓工业、服务业的经济效益。只有社会生产力大大发展，才能产生一个富裕的社会，才有可能五年左右人均收入接近或超过香港。事在人为。

3. 继续改革，不断创新。停滞不前，安于现状是死路一条。改革以增强人民民主意识，建立良好的民主风尚，把管委会置于群众监督之下至关重要。这一民主活动及其活动形成正在实验之中，要逐步完善以成为制度。

第二个问题：您认为蛇口工业区广大职工最关心的是什么？应如何对待？

答：广大职工最关心的是在提高自己工作能力的同时，使得自己的才华得到最好的发挥。改造工作和生活环境，建设物质文明和精神文明的窗口，为了长远的整体的利益，实现上述目标，就要暂时地局部地付出一定代价。例如工资福利的增长千万不要超过人均劳动生产力的增长，否则等于慢性自杀。

第三个问题：您认为应该采取哪些措施才能进一步做到人尽其才、物尽其用，使企业具有充分的活力？

答：这是一个经济体制改革中的重要问题，需要蛇口人不知疲倦地在实践中探索，创造一个人民有权决定和监督企业的重大方针和经营活动的局面，逐步健全经济立法，解决企业效益与职工福利挂钩的问题。企业领导人在规定权力范围内可以大展拳脚，而又不至于滥用权力。

第四个问题：您认为自己最突出的特点是什么？您最

擅长做哪些工作？

答：我是一个很普通的职业革命者，没有什么特殊气质，如果有的话，就是我不相信“神”。

我对工业区的作用正如我表明过的：一是必要时向上对话；二是关键时出点子；三是机器运转发生故障时，起点润滑作用。

第五个问题：您每天的生活是怎样安排的？您有哪些兴趣和爱好？

答：生活安排得不好，总是忙忙乱乱。几年来由于焦头烂额，兴趣爱好萎缩、扭曲了。每天以接受最大量的信息作为兴趣，这是不正常的，希望有一天改正过来，不过我担心时间不允许去改过来了。

自4月19日至22日，连续4天的夜晚，在育才中学的阶梯教室内，共同举行了4台候选人的演讲答辩会。15位候选人陆续上台，以脱口秀的形式，宣讲自己的施政纲领，当然，还必须回答选民的各种各样的提问。

在这个新旧领导班子交替的过渡期里，袁庚每晚莅会，自始至终都坐在前排，专注倾听，偶尔插话。在他的眼里，这不仅是一场展示工业区顶尖级人才智慧的大聚会，更是一场关于民主、监督、“官意测验”等诸多话题的临时路演。

19日晚7点半，袁庚照例提前10分钟坐在阶梯教室的前排。今晚有三位候选人演讲答辩，按照顺序分别是顾立基、车国保和周为民。先登台的顾立基讲完了施政设想后，就有人举手提问：“上面交办或你负责的事情，如果不能使上下都满意，你是满足于上呢，还是满足于下?”

顾立基答道：“本人比较急躁，往往有好的愿望，不一定有好的结果。不一定能使上、下都满意，但我相信自己是有判断力的，我认为正确的，不管领导是否反对，我都坚持自己的意见。”

有人提问：“这次选举中，你到过哪个单位拉过选票?”“没有啊!”“现在请投我一票吧!”

嗬！有意思！袁庚带头鼓起掌来。

车国保的施政意见是——应成立招商局蛇口工业区集团总公司。车国保认为，两年来，工业区管理不善，症结所在，就是因为政企职责不分。目前，已经到了新的转折点，应成立招商局蛇口集团总公司，才能解决企业办社会所无法承担的重负。

在答辩中，有人问：“培训班出来的是‘直系部队’，即所谓的‘黄埔军校’，你也是培训班毕业的，对这种说法有何感想?”

车国保答：“我是第三期培训班的学员。培训班毕业的干部更应严格要求自己，和工业区广大干部融为一体，为工业区的前途共同努力。”

另一只手举起了，有人问：“你如果上台，能否做到使合资、独资企业干部定期轮换一下?”

车国宝说：“目前工业区的干部流动有问题。但我不能许这个愿。蛇口应是企业家、实业家的天下，他们应该受到最高的政治、经济待遇。”

又是一阵掌声。

最后，轮到周为民演讲了。这位清华大学的毕业生、共青团“十大”的中央委员，一开言便说：“民主首先不是一种法律，而是一种意识。”他的演讲围绕着他对蛇口实行的民主和这次选举的看法展开。他回顾了个人的经历，认为蛇口目前民主的基础尚不具备，但他表示，既然大家都在认真地对待这次民选，他也一定采取严肃的态度。

发言时间不长，限时铃声还未响。但周为民决定要结束这一切了。要是没有告诉大家，他就是“甄明伲”就好了，只是为了搞竞选，拉点选票，头脑一发热就说了。经过深思熟虑，已成为候选人的周为民在答辩台上选择了急流勇退。他微微一鞠躬说：“真的很对不起大家，在这个公开的日子里，我因为个人原因，正式宣布退出这次候选！”

台下的袁庚一愣。

掌声响起。

接下来的两晚答辩会，陆续是彭顺生、孙绍先、赵勇、梁宪、陈金星、虞德海、乔胜利七人。

孙绍先走向答辩台，先向大家深深地鞠了一个躬，接着说：“各位好，我是工业区的总工程师孙绍先。大家知道，总工程师的职责是对工业区的房屋建设负责。但是，半个月前，招北小区正在施工的一户阳台塌了。我很抱歉，我向大家赔个礼，道个歉，对不起了！”

“阳台坍塌的问题已经查明：是设计单位为了好看，将阳台的楼板设计得没有梁，这就对施工的要求高了。由于施工队的工人疏忽，钢筋摆放位置不当，阳台承受力不够，导致阳台塌了。当总工程师的职责是保证安全，工业区建设的房屋一间也不能塌！这十多天来，我检查了300多套建好的房子，只有这一套有问题。请大家放心，我在塌阳台的第二天，就将我的家搬进了新房，我就住在那户塌掉阳台的房屋旁边。如果我当选，我要把工业区的房屋建好，不但不能塌，住房的标准也不能太低，我保证，每户职工的住房面积将达到80～90平方米，也就是说我们住三房两厅！”

阶梯教室里，爆发出一阵热烈的掌声。

当晚，所有的候选人答辩完后，袁庚走到答辩台，做了一个简短的总结发言。他说：“今晚的答辩会很好，是真实思想的大碰撞，大家的思想在这里见了面。但是——”他顿了一下，若有所思地补充道，“我反对在竞选中搞许愿、搞福利主义的，那是不行的。”他的目光在孙绍先的脸上划过，“工业区的房屋建设，是要管委会的决定，是要未来的管委会的成员集体举手的，不是哪个人能够在这里说了算的。”

孙绍先的脸庞火辣辣的，他将头埋了下去。

第二天上午10点半，袁庚走进孙绍先所在的办公室，问他昨晚是不是心情不舒畅。

“没有。”孙绍先的回答既软弱无力，又小心翼翼。

“小孙哪，别那么脆弱，我昨晚当众提出批评，是因为我们在竞选中绝对不能搞许愿、搞福利主义，那我们是什么了？我们和资本主义国家的那些民选有什么不一样呢？我们要一切从实际出发，个人做好分内的事情，把工业区齐心协力建设好，你说是不是啊?”

“是!”

袁庚笑着说，“你做得不错，检查了300多套房子，还第二天搬了家，还挑了离塌掉阳台最近的一户。”

“袁董，我——”孙绍先轻声嚷道。

“亡羊补牢，任何时候都不晚。”

22日晚，7点半。阶梯教室。第一届管委会负责人的答辩会，5个人的演讲答辩会，依次是梁鸿坤、江波、王今贵、熊炳权和袁庚。每一个人演讲15分钟，答辩20分钟，轮到最后演讲的袁庚时，已是夜晚10点5分。

他走上演讲台，开口宣讲：“在蛇口，人们普遍地关注着一种新的尝试——民主选举产生工业区管委会。如今，我们且不论其形式与范围如何，旨在选出一个合乎民意、代表民意的好的领导班子，通过选举制度的不断完善，锻炼蛇口人的民主意识，建立起良好的民主风气，把管委会置于群众的监督之下，逐步地从人治走向法治，培养工业区自组织、自循环的能力，保证工业区沿着正确的轨道健康地发展。”

他的回答解释了顾立基在质疑管委会构成时的担忧，他宣布："蛇口工业区是招商局的直属企业，但由于它日趋社会化，到目前为止，工业区已拥有150家企业，各行各业，门类甚多，在管委会的结构上不可能亦没必要囊括各类专才。管委会应当由综合型的企业家组成，这些人具有一定的专业知识，更重要的是通晓全局，了解国内外市场，懂得与外国资本家打交道，有管理企业和管理小社会的才能和经验，善于协调各企业部门的运转。由于工业区还肩挑全国改革试点的重任，要求管委会成员有政治远见，是明白人，对工业区的发展战略有全盘设计的能力。即由所谓的'软专家'组成，而不一定是'硬专家'。那些日常具体事务或技术问题，可由管委会聘请智囊团或专家出谋献策，以便能集中精力研究解决重大问题。"

在谈到改革与民意问题时，袁庚再三强调说："蛇口要保持改革势头，需要付出十倍甚至更艰苦的努力。我们的'试验'，是基于蛇口的各项改革先走了一步，是基于人口机构、文化水平条件较为成熟，是基于我们对事业的信心，并非玩政治游戏，并非想出风头。我想，我们万一失败了，是在这个蛇口的弹丸之地，对全国不至于产生大的震动；但是，我们的试验，如果能够推动我们的事业有所前进，则可供参考。这次参加选举的范围，已经从两年前的100多人扩大至1100多人，在总结经验的基础上，今后选举的范围还将逐步扩大，并逐步完善。”

“15日的推荐候选人大会上，承蒙大家信任，又把我放在首位，这使我的内心十分不安。我在13日的干部座谈会上已表明，我信守曾对小平同志讲过的诺言——不参加这次‘竞选’了，退居二线，我一样可以起到对工业区的‘三个作用’。让老牛破车继续走在不很平坦的道路上，当然将来会是康庄大道的，我相信，多走几年，这样对于涌现出来的新秀们的锻炼成长会有好处。”

铃声响了，演讲的时限已到。

袁庚对按铃的选举小组成员笑笑，说了最后一句话：“同志们，当您拿起笔来行使选民的权利时，请手下留情！谢谢！”

选举小组组长唐若昕站起来宣布：“下一个环节，由选民提问。时间为10分钟。”阶梯教室中，等待提问的手已经举成一片。

袁庚指着那位手举得最高的人说：“你先提吧！”

“袁董，工业区的工资什么时候能够和工业区的产值增长速度挂钩?”

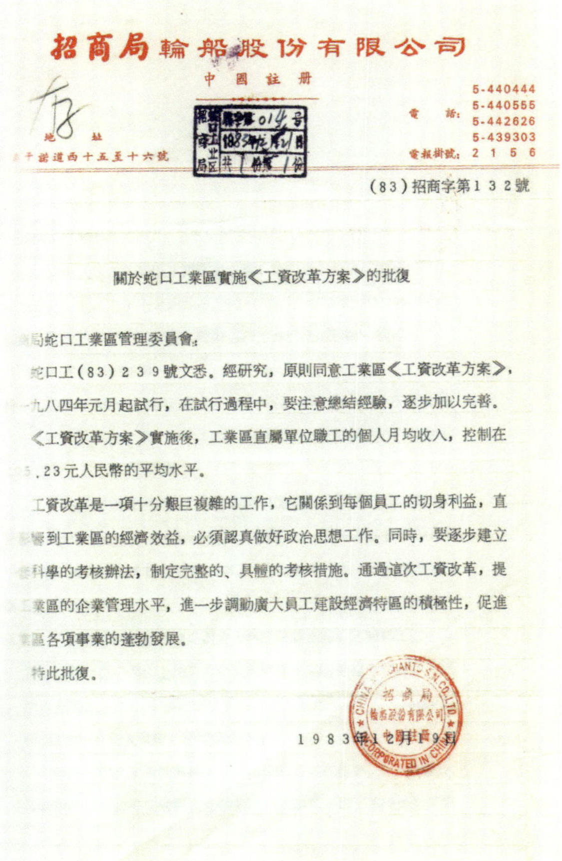

招商局輪船股份有限公司

中國註册

地址
干諾道西十五至十六號

電話：5-440444
5-440555
5-442626
5-439303
電報掛號：2 1 5 6

(83)招商字第1 3 2號

關於蛇口工業區實施《工資改革方案》的批復

局蛇口工業區管理委員會：

蛇口工(83)2 3 9號文悉。經研究，原則同意工業區《工資改革方案》，一九八四年元月起試行，在試行過程中，要注意總結經驗，逐步加以完善。

《工資改革方案》實施後，工業區直屬單位職工的個人月均收入，控制在.23元人民幣的平均水平。

工資改革是一項十分艱巨複雜的工作，它關係到每個員工的切身利益，直響到工業區的經濟效益，必須認真做好政治思想工作。同時，要逐步建立科學的考核辦法，制定完整的、具體的考核措施。通過這次工資改革，提業區的企業管理水平，進一步調動廣大員工建設經濟特區的積極性，促進區各項事業的蓬勃發展。

特此批復。

1 9 8 3年1 2月1 9日

1983年招商局对蛇口工业区工资改革方案的批复。1983年蛇口工业区率先打破平均主义“大锅饭”，实行基本工资加岗位工资、职务工资加浮动工资的工资改革方案

袁庚愣了片刻。他是最不愿意回答这类问题的。近年来，蛇口工业区飞速发展，产值迅速提高，工业区的盈利情况良好，少部分人就开始议论纷纷，中心议题就是这个问题。他解释说："一个自负盈亏的企业，职工，包括其家属子女的工资福利直接与集团企业的兴衰挂钩。只有工业区人均劳动生产率大大提高、创造出更多的社会财富时，人们的物质生活才能相应提高。任何企业企图超越社会人均劳动生产率的增长趋势，鼓吹甚至煽动提高工资福利，都是慢性自杀的行为。对此，我们要有清醒的认识，切勿被眼前的利益所迷惑。根据几年来的实践经验，我们认为，全体职工的物质生活增长幅度是合理的。"

袁庚又从工资福利方面扩延开来，重复了一大堆他的理念、他的原则和他的希望。好容易刹住话头，演讲时间还有两分钟。

只有提一个问题的时间了！还没有等点兵，政策研究室的一位老干部站了起来说："袁董，蛇口工业区蓬勃发展，大家的心情舒畅，您带领大家搞民主，随着进一步的改革开放和事业的成功，我们的'民主'还有没有一点希望啊?"

袁庚哑然。对方的问题真是锐利啊，这不就是等于说，我们的民主是有问题的吗？这两年来，袁庚私底下听说，有人议论袁庚搞独裁，搞伪民主，现在看来，这种议论声已经浮出水面。袁庚很想告诉这位老同志，要自己分析自己判断，例如，是否独裁可以从两个方面看出来，一是允不允许有不同意见的发表，二是否有私心。我袁庚就是想打造一个免除恐惧的自由社会，我没有私心，只想把蛇口的未来建设好！几秒钟后，他明确地说：“我可以很明确地告诉大家，用民主这个利器来选拔我们的干部，历史将证明我们是正确的。民主是力量的源泉，说起我们的民主选举，我们不是一下子扩得很大的：第一年，1983年，是在助理工程师和主任的范围之内；第二年，1984年，扩大到300多人；今年是第三年，这次扩大到全体干部。我在想，到下次选举时能不能扩大到全体职工？使得每一两年的改选，大家都坐在一起，回顾大家的缺点，善意地提出希望，当然，坐下来要心平气和，不搞争权夺利。要正确地对待权利。要知道，这里都是有抱负的年轻人汇集起来的，希望把工业区变成一个理想的家园。前段时间，我带着波兰人看我们的幼儿园，他们说没有想到中国会有这样的幼儿园，要拷贝，说看了之后充满信心，这是大家几年来孜孜以求的境界，为了下一代的共同愿望和理想来创造这样一个理想境界。”

袁庚挥了挥手，继续说道：“从我们选举小组办的5期快报来看，我很高兴，大家反应热烈，非常高兴。假如没有5年来我们共同努力，恐怕没有这样的民主局面。现在没有经验，大家来探索，失败之后，放心，我来检讨！”

1985年4月24日下午，第二届管委会直选如期举行。1170位选民在15位候选人中选出9人作为新管委会成员。选举结果在26日的新闻发布会上宣布。票数最多者仍是袁庚，获得1006票，有164人不选他。第二名熊炳权，957票。以下7人依次是王今贵、虞德海、乔胜利、江波、赵勇、陈金星、彭顺生。第一届管委会成员中有3人落选。5月16日，香港招商局批准了选举结果。

“管委会”这个词，既可以从企业董事会，又可以从权力职能机构进行解读。总之，这是中国第一家直选的领导机构，其意义恐非目前所能判断的。

第二届管委会对所辖企业的厂长、经理实行聘任制。先由群众通过无记名投票方式推荐候选人，再由组织部根据群众推荐和考察情况提出人选，然后由工业区党委和管委会决定聘任正职的名单。副职人选由组织部门与正职协商提出，在党委和管委会讨论通过后，由管委会正式聘任正、副职位。聘任期一年，连聘连任，不再续聘者另行安排工作。

5月10日上午11时，袁庚与到访的新加坡前第一副总理吴庆瑞博士一行相谈甚欢。吴博士已经被国务院聘为中国沿海开发经济顾问，这次访问不公开见报，不接受记者采访。

招商局与新加坡早有来往，近几年共同开发、经营赤湾石油后勤基地，彼此之间的联系又有了进一步加强。

吴庆瑞听说蛇口正在进行一场不寻常的试验，职工选举领导人。“这点很不寻常啊！不知是自发的还是得到北京批准的?”

袁庚答道：“是得到中央首长同意的。那是1983年胡耀邦书记来蛇口视察工作就谈过这个问题。我只是感到，管理应该是依靠立法，人民应该有选举权和罢免权。”

“你说得对!”

“官员的权力过大，容易滥用权力。如同吗啡，对人民是有害的。”

吴庆瑞竖起大拇指说：“你的见解很对，吗啡，这个比喻很有意思。”

“官员们应该知道，政府官员是人民的公仆而不是人民的老爷。权是人民给的，人民有权罢免他们。他们明白这个道理，就懂得去用好权。”

吴庆瑞不时地点头，微笑。

“我们没有现成的经验，我们参考西方的。但他们的做法不一定适合我们，我们这几年在做试验。”袁庚说，“如果不通过试验，怎能做出正确的结论呢?”

吴庆瑞举一反三，从民主的试验想到了企业管理，他说：“企业管理是个十分复杂的问题。西方的管理有缺点，他们的专家工资过高，其实并没有必要。新加坡的企业专设有管理人员的经理，但做得并不好，他们不是滥用权力欺负人，便是厂方难以接受。对人的管理关系到企业的成败，这一点不管是资本主义还是社会主义都一样。”他告诉袁庚：“蛇口试验，不仅引起中国内地的关注，其他国家也在关心研究。”

袁庚谦逊地表示：“我们早就向新加坡学习了管理，管理码头和管理住宅。吴博士，我们一会儿要去的赤湾码头，一边是新加坡公司管理的，一边是我们管理的，一比较就明显了。但是工厂管理，我们主张学习日本。”

吴庆瑞笑了笑："英雄所见略同！"

5天后，5月15日，邓小平会见了吴庆瑞。

次年，5月6日，应香港中文大学中国经济特区资料研究室邀请，袁庚在当代亚洲研究中心做了《蛇口——中国开放改革的试管》报告。1985年6月，蛇口工业区政策研究室编辑资料，总结了蛇口民主选举基本成功的原因：

干部队伍素质较高。蛇口工业区有干部1200多人，平均年龄34岁，大学和中专以上文化程度的占80%，大部分来自京、津、沪、穗等大城市，政治素质好，事业心强，热心改革，比较容易接受民主思想。

地域有限。工业区面积仅2.14平方公里，地域狭小，便于克服大众传播媒介不足的弱点，便于进行有领导、有组织的民主选举，选票能相对集中。

民主传统。蛇口工业区的领导者，特别是袁庚同志积极倡导和大力推行政治民主化，继1983年第一届管委会选举后，又创立了新闻发布会、聊天会等形式，为群众提供了自由发表意见和监督干部的机会。袁庚同志以身作则，主动接受和支持对自己的公开批评，整个工业区形成了较好的民主风气，养成了一定的民主习惯，加上工业区干部制度的改革，破除了干部职工的终身制，干部等级观念和官气相对少一些，这些良好的民主传统，是这次民主选举成功的重要因素之一。

袁庚同志的个人作用。具体表现在——一、能抑制政治派别对民主选举的影响和内部矛盾的激化。二、对群众有很强的号召力、吸引力，群众对他有信任感。三、能准确把握民主的尺度和范围，对选举中碰到的重大问题敢于拍板。在这一点上，我们认为：在中国特定的社会历史条件下，当我们在追求有限的民主目标时，需要领导上的高度集中，这往往主要地表现为某个领导人物的作用，忽视这个人作用表现的高度集中，便不能保证对有限的民主目标的追求。

工人、资本家双赢？

——“桃花源”风景（二）

创办工业区，务必要招商引资。袁庚要求整个工业区与招商局全体人员投注十二分的热情与精力来面对外商投资。早在1982年，他对日本三洋讲过一句很“右”的话：“投资者赚钱，就是招商局的成功，投资者赔钱，就是招商局的失败！”

资本逐利而来，那么，工人呢？工人的权利谁来维护？袁庚的办法是：“参照香港地区和西欧北美国家工厂的办法，尽快成立工会！”

就如何成立工业区工会，他多次与指挥部同仁商议。他觉得，工会如果只是组织职工进行文娱、体育活动，发一点福利，变成“文体工会、福利工会”，就没有蛇口的特点。这个工会，按照全国总工会的要求，基本职能是

"维护、教育、参与、建设"，蛇口工会的重点要放在"维护"上。

第一期培训班班长孙邦杰被委以重任，负责筹备蛇口工业区工会。

筹备期间，香港开达实业公司在蛇口的独资企业凯达玩具厂在订单很多的情况下，不顾工人利益，强制个人加班加点。晚班女工小白在加班加点中，昏倒在岗位上。100多名女工自发联合起来，抗议厂方不把工人当人看，举行集体停工。尚在筹建中的蛇口工业区工会迅速介入，会同有关部门与厂方进行长达50多天的斗争和协商。

6月中旬，凯达厂工会主席端木默向工业区递送了一份情况反映。玩具厂工人每天都要加班加点，部分工人对长期连续加班加点表示不满。工厂汇合劳动服务公司多次与厂方交涉，要求厂方以工人自愿为原则控制加班加点，并整理出会议座谈纪要，但厂方不肯签字。当晚，有二三十位女工拒绝加班。第二天工厂负责人找她们逐个谈话。厂业余合唱队负责人郑艳萍因不肯承认错误，遭到厂方开除。

乔胜利拿着这份情况反映向袁庚汇报，袁庚的态度是加班应该是自愿为原则，要求资方严肃讲清楚，不准他们胡来。

凯达厂是较早进入蛇口且人数较多的一间大厂，占工业区当时职工总人数的三分之一。港方经理余正统说，当年是袁庚千呼万唤把他们接过来的，认定袁庚不会因为一个打工妹而得罪香港凯达公司。袁庚要求工会和工业区继续坚持据理力争，一方面做好凯达厂的工作，另一方面交代乔胜利："应立即布置郑艳萍向地方法院提出控诉，传讯余正统！"

筹建中的工业区工会果断地行使权益，向凯达厂发出通知：如不改正错误，就诉诸法律。一个月后，7月26日，厂方同意郑艳萍复工，并补发了停工期间的工资，同意加班加点一天不超过两小时，工人若不愿意加班，告知领班或组长即可。

当厂方被迫接受有利于工人的条款之后，工人们奔走相告。有人说，想不到在电影看到的工人与资方的斗争故事，竟然就发生在我们身边。

1983年7月28日至30日，蛇口工业区工会第一届代表大会在为工人维权的风雨途中宣布召开。省、市及港九工会联合会负责人到会祝贺。袁庚讲话，强调工会是工人自己的组织。他说，原有的内地工会模式难以适应日益复杂的劳资关系和不断增多的劳资纠纷，市场经济呼唤新的更好的模式早日形成，蛇口工业区工会必须依据自身特点，高举维护职工合法权益的旗帜，创造性地开展工作。

蛇口工会第一届代表大会出席代表179名，其中工人代表117名，占65.4%，女代表73名，占40.8%。大会通过无记名投票，选出13名委员，其中有一名香港独资企业员工。大会选举谢冠雄为工会主席。

不久，袁庚约见凯达厂工会主席端木默，请她谈谈凯达厂工会工作，商讨新形势下如何保护外资企业工人的正当权益。他还问到郑艳萍的情况。

8月29日，中共蛇口工业区委员会批复蛇口工业区工会委员会谢冠雄任主席（脱产），彭谭光任副主席（脱产）、高洁兰任副主席（不脱产），另组织、宣传（2人），生产、劳资协调（2人），劳保、生活（2人）及女工委员（2人）计10名。所有委员都不脱产。郑艳萍与另一位女工两人作为工业区女工的维权人物，被选为女工委员，边打工边用业余时间为整个工业区女工的权益出谋划策，奔走呼号。

蛇口工业区管委会在工业区工会的调研基础上，于1983年9月7日出台《蛇口工业区关于外资企业、中外合资企业职工超时工作的暂时规定》，明确规定加班每月不得超过两次，每次不得超过8小时；加点（正常工作日、工作时间超出8小时的工作）每周不得超过4次，每次一般不超过2小时。规定要求各企业应在每月底将当月的超时工作统计表报送工业区工会和劳动服务公司核查。

1985年1月18日，工业区工会举行企业经理、厂长迎春酒会，主题是宣传工会作用。袁庚举杯说祝大家新春发财，兴味甚浓听两名外商总经理“现身说法”，谈组建工会的“痛并快乐着”的体会。

1989年2月22日，袁庚陪同香港总商会一行30人在蛇口参观考察，再次强调：“我曾经讲过，投资者赚了钱，首先是招商局的胜利，投资者如果失败了，那也首先是招商局的失败。我们的一个宗旨就是，真心实意地希望投资者发财，而不是过年时在口头上的‘恭喜发财’。如果投资者发了财，我们一点都不眼红！”

袁庚一手维护工人利益，一手支持资方盈利。1985年5月8日，他在一次会议上说，一方面，我们要宣布有一个“约法三章”。如果发现外资企业对我方员工有人身侮辱、非人待遇、超强度加班和违反协议，比如说拖欠工资等等的情况，工业区一定要进行干预。另一方面，对于我方某些员工不习惯于严格的科学管理，留恋吃“大锅饭”，党团工组织要对他们进行有效教育。他希望凭借着两手，实现劳资双方共赢。

当年7月28日，袁庚在蛇口工会代表大会上说：“工人们在生产线上进行忘我的劳动，如果说他们是为资本家卖命，但是同样也是为我们国家卖命。如果不懂得这个道理，这个工会就会失败。”他强调：“我们想，在蛇口区工会成立后，在这块地方创造出经验，来回答这样一个问题：我们这里的个人都是受压迫，受资本家压迫？不是！不是这回事。”

1986年元旦这天，蛇口工业区明确建立基层工会的范围，调处目的和工作方针。调处纠纷的目的是“协调劳资关系，沟通双方思想，增进合作共事，合力办好企业”。将调处劳资争议工作方针修改为“以事实为依据，以法律为准绳，严明公正，坚持原则，资方违法不马虎，职工有错不袒护，讲究方法，适可而止，不可有利没有节，不能有理不让人”。

这56个字的调处争议方针，在国内外有较大的反响。第二年，苏联全苏工会中央理事会副部长基雅什科率领的苏联合资企业工会联合访华代表团做客蛇口，听过56字方

最早的日资三洋厂

针的介绍。1990年6月20日，基雅什科第二次带队访问蛇口，令人惊讶的是，他竟然能完整背出蛇口调处劳资争议的56字方针。

1994年2月28日至3月20日，全国总工会政策研究室主任李勇海一行对蛇口工业区工会工作进行调研，形成

《鲜明的职工利益代表者的身份和作用——关于蛇口工业区工会模式的调查报告》。

1994年6月19日，时任中共中央政治局常委、书记处书记的胡锦涛在全国总工会关于蛇口模式的调查报告上批示："蛇口工业区工会工作的思路和成效是好的，组建率和入会章程都达到了较高水平，对全国各地正蓬勃发展的三资企业和特区、开发区的规划组建工作尤其有借鉴意义。"当年11月，胡锦涛视察了蛇口工业区，对蛇口工业区的工会工作给予了充分肯定。

全国总工会把蛇口工业区具有开创性的工作称为"蛇口模式"，认为对全国工会工作有着很大的借鉴和指导意义。1995年2月19日，全总"蛇口工业区工会工作模式"理论与实践研讨会在蛇口召开。蛇口工业区工会成为全总在改革开放大潮中树立起来的第一面旗帜。

那么，在外商方面，蛇口工业区及其企业又是如何呢？1992年12月初，由深圳外商投资企业、中国新闻发展公司等单位联合举办的"最佳外商投资奖"活动揭晓。"最佳外商投资奖"的10家企业中，蛇口地区占了6家。蛇口地区还有20家企业分别荣获"优秀外商投资奖""外商投资荣誉奖"等奖项。

誓死捍卫你说话的权利

——“桃花源”风景（三）

袁庚在蛇口工业区推行“民选官”“民评官”的同时，还倡导职工以各种形式参政议政，监督管理层工作。工业区依法允许并推动先后成立26个民间社团，除了工、青、妇外，还有企业管理者协会、翻译工作者协会、会计工作者协会、集邮协会、月季花协会等等，形成一支参政议政的力量。袁庚称这些民间社团为“压力团体”。向谁施压？向他；向谁建言？向所有工业区领导，以期把蛇口这盘棋走得风生水起。

蛇口具有学术性、行业性、文体性的20多个社团，主要是兴趣相同的人有机会聚在一起，研究、探讨行业性活动和学术性问题，展开相应的活动。蛇口的文艺社会蛮活跃，孕育了中国当代第一篇打工文学作品，产生了林坚、安子等中国第一代打工作家。

这些团体除了讨论他们本身的工作外，也可以议政——议论工业区管委会的工作，提出批评建议。

人民日报记者在采访中听到这样一件新鲜事：蛇口曾开过一次“经理太太座谈会”。这里的经理公务繁忙，许多人无暇顾家，引起夫人的不满。管委会决定召开这么一个会，让她们发发牢骚，诉一诉苦。会后，领导要求经理一周至少有两个晚上回家，这也作为考核干部的一条。

蛇口“在民主化建设方面采取的种种措施，目的是增强群众的主人翁意识，创造一个民主和谐的政治环境”。[8]

在《该注重管理了——向袁庚进一言》问世一周年后，1986年2月25日《蛇口通讯》刊发《首次蛇口新闻沙龙公告》，谓蛇口新闻出版协会与该报将于3月3日晚7点30分，在培训中心8楼联合举办首次“蛇口新闻沙龙”。沙龙采取重点发言和“天南地北自由交流”形式，重点探讨蛇口民主与法制问题。

新闻沙龙规定：“1. 新闻沙龙的参加者一律称为沙龙成员，职权的作用不能带入；2. 新闻沙龙上只要不反对中国共产党、不搞人身攻击，谁都可以讲话，坚持自己的观点，反驳其他不同观点；3. 新闻沙龙的每次发言录音经整

8 李德民，钱是辛：《蛇口的另一种探索》，《人民日报》1988年12月24日。

理后公开见报。”第一条，沙龙座上人人平等。第二条，沙龙言论，自由开放。第三条，沙龙成果，全民共享。

蛇口“新闻沙龙”基本每月一次，议题多半是群众关注的新闻热点，并探讨管理区面临的各种问题。袁庚没有出席过新闻沙龙，《蛇口通讯》刊登的发言要点却每期必看。第七次沙龙的议题是“决策程序的科学化和民主化”，让他拓展了思路。第九次沙龙的议题是“如何创建蛇口的民主机制”。育才中学的胡晓明第一个发言。他认为：蛇口创建初期，袁庚说了算可以，现在蛇口进步发展了，再那么搞就不行了！我觉得一个领导搞的民主应该有可能导致他自己下台，这才是真正的民主。

袁庚致力于推进民主，就是为了胡晓明说的如何制约“袁庚说了算”的滥权问题。

社团组织、新闻沙龙，管委会不仅支持，甚至还把出席、参与他们的活动，看作是主动联系群众、广泛听取群众意见的有效途径之一。

蛇口的民主气氛，活跃的政治生态，使北京来的3位专家一时很不适应，引发了一场“蛇口风波”。

1988年1月13日，深圳蛇口举行了一场“青年教育专家与蛇口青年座谈会”。“青年教育专家”系中国青年思想

1983年1月，蛇口第一个群众性团体——企业管理协会成立，袁庚（起立者）到会祝贺。袁庚倡导要给群众“知情权”，蛇口的20多个群众团体均成为监督领导人的“压力团体”

教育研究中心研究报告员李燕杰、曲啸、彭清一3位同志，蛇口青年有近70名。开初，李燕杰谈到来深圳与蛇口的感想，盛赞“美的风光，美的心，美的山河，美的人”。曲啸赞美特区青年不是断了线的风筝，而是腾飞的银鹰。他说：“凡在人群中，必定有先进的、落后的、中间的。有差异是正常的……就是在座的当中有没有淘金者呢？……到这里创业，这是大多数，有没有淘金者？有……”

这时，坐在门口的一个青年说：“希望3位老师能和我们一起讨论一些实质性的问题，不要讲些空洞的说教。你说来深圳的人有建设者、创业者，也有淘金者，请你们解释清楚什么叫淘金者？”蛇口招商局进出口贸易公司的一位青年争辩道：“淘金者‘赚钱’，但没有触犯法律，无所谓过错，‘淘金者’来蛇口的直接动机是赚钱，但客观上也为蛇口建设出了力。这样的‘淘金者’有什么不好？”

蛇口青年思想活跃，敢想敢说，向远来的专家提问题是很正常的事，但3位专家不适应、不习惯平等的对话，不习惯讨论、争论问题。彭清一对质疑他们的演讲“是空头的、虚无缥缈的”的那位青年说：“敢不敢把你的名字告诉我？！”引起与会青年的笑声，那位青年当场递上名片，他只怕他的老板，不会怕专家。其实，几位蛇口青年除了顶撞专家外，更多的是披露、批评蛇口的不如人意处。

对这次座谈，专家们给予好评。彭清一、曲啸认为蛇口青年坦率，李燕杰说今天双方有一些不同见解，对彼此也有启发。他很喜欢“海纳百川，有容乃大”这句话。然而，两天后，一份以“北师院青年教育研究所”署名的《“蛇口座谈会”始末》材料上报给了有关部门，认为与会青年有“较为明显的错误言论”，“整个气氛是嘲弄的，甚至是敌对的”，那个递名片的青年也上了“材料”。以后又在各地的演讲中屡次把蛇口青年作为反面教材拿出来讲。

事情发生后的第18天，1988年2月1日，《蛇口通讯》这张很少为内地读者所知的周报，在头版报眼上发表了一条使它名震全国的消息：《蛇口青年与曲啸、李燕杰坦率对话——青年教育家遇到青年人挑战》。这是一篇本报讯，并未署名。

2018年春天，笔者在上海拍摄《袁庚传奇》纪录片，《蛇口通讯》老记者王克朴透露了一个极为重要的细节：“有一天，袁董的秘书王铿给报社打来电话，就问‘这个事，你们为什么没有报道?’袁庚认为，就应该支持蛇口

1986年蛇口人举办的新闻沙龙

袁庚（左一）出席蛇口工业区新闻发布会

青年这种自由讨论的风气。”听到这个指令，王克朴马上伏笔写稿，把双方对立的观点一一罗列，写下了这篇300字的本报讯，回应事件原委。

随后，2月12日《羊城晚报》介入，全国各大报刊纷纷连载。[9]

3月28日及4月11日，《蛇口通讯》报一版编辑魏海田撰写的两篇长篇通讯《蛇口：陈腐说教与现代意识的一次激烈交锋》及《蛇口青年与曲啸等同志还有哪些分歧》再次引发转载潮。他把这两份报纸寄给了在《人民日报》评论部实习的大学同学曾宪斌。1988年8月6日，《人民日报》刊登了曾宪斌采写的《“蛇口风波”答问录》。

李燕杰把蛇口那几个青年人的做法概括为五不对：立场不对、观点不对、事实内容不对、路子不对、手段不对。曲啸发出警告：“对于那极少数别有用心专事制造谣言挑拨是非的人，我们还想奉告一句，如果认为我们在任何时候都不会或不敢运用法律武器维护自己的正当权益，那就错了。”

对于这场风波，袁庚对南下采访的曾宪斌作了两条明确表态：“一、既然不是到这里来传经送道，就不能只允许一家之言；既然是座谈，就大家都可以谈。曲啸、李燕

9 马立诚《“蛇口风波”始末》，《文汇月刊》，1989年第2期。

杰同志可以有自己的观点存在，也应该允许其他的观点存在。我们还是要提倡坚持不论对内对外，不论对谁，不论什么流派、什么观点，只要不反对党，不搞人身攻击，都可以让他们在这里发表，在这里交流，在这里探讨。但有一点要讲清楚，我们不欢迎教师爷式的空洞说教，听不得不同意见，甚至要问你是哪个单位的、叫什么名字。这种作风连我这个老头都不能容忍，青年人是不会欢迎的。二、我非常赞赏这句话‘我可以不同意你的观点，但我誓死捍卫你发表不同意见的权利’。希望记者同志一定要把这个观点报道出去，这是保卫宪法赋予的言论自由的神圣权利。所以，对那位被追问姓名并上了什么材料的青年人，我们一定要加以保护。即使他的发言有什么不妥，也不允许在蛇口发生以言治罪的事情。”

《人民日报》在刊出《“蛇口风波”答问录》的第三天开辟了《关于“蛇口风波”的议论》专栏，至9月14日专栏结束，报社接到了1531件来信来稿，其中有266件倾向或赞同李燕杰等专家的观点，占全部稿件的17.4%。《人民日报》在议论专栏发表的39篇文章，选用赞同李专家等人的达17篇，占见报总数的43.6%。

让袁庚想不到的是，他再次成为新闻热点，犹如3年前的“纳谏”事件。作为领导人，赞成群众公开批评自己，倡导遵循宪法原则，享有言论自由，原本是常识范围的事，不料震荡全国，引发社会思考。对他的两条表态，点赞的大有人在，批评的也不在少数。北师院青年教育研究所《关于“蛇口风波”报道群众来信情况综述》第二部分中的10封群众来信，有4封对袁庚提出了批评甚至批判。“这位老干部太开放了吧?”“他学习外国走得太远了吧?”“他断言是对青年哗众取宠”，袁庚等人“把蛇口青年引向何方？他们要保卫的是什么言论？什么自由?”

1988年8月13日晚，周末，在蛇口工业区第三次代表大会上，袁庚作了《改造传统思想工作》的演说，晚10时，接受《人民日报》记者采访。他强调，“在蛇口，不管上级、下级，对话、讲话，都是平等的”。如果带一种说教式的口吻，或者用华丽的辞藻演说，蛇口青年很反感。当问到蛇口如何做青年的政治思想工作时，他说：“做政治工作、思想工作、社会工作、教育工作，最聪明的办法，是把我们存在什么困难，有什么问题，有哪些错误，原原本本告诉大家，不要遮遮掩掩；要人民给予什么样的支持，由大家来讨论，每个人都懂得了，才能形成一股力量，同心同德。”

就蛇口的人际生态环境，袁庚对《人民日报》的记者说："无论是从社会上的地位，还是人们的心理状态，民主生活已成为蛇口人生活的一部分。"

后来，袁庚说："现在回过头来看，这件事情很好理解。它的实质就是计划经济与市场经济之间的矛盾冲突，是两种不同的经济体制下不同的价值观念之间的冲突。

"市场经济讲的是公平合理，计划经济讲的是服从和无私奉献。究竟如何取舍呢？请让我打个比方：两人分苹果，一个大，一个小，你拿大的还是拿小的？我拿大的你说我损人利己。如果我反过来问，你愿意拿大还是愿意拿小，你说拿小的，那我便说，你这不是陷我于不义吗？我还可以说：既然你愿意拿小的，那么我拿大的岂不是正合你意？怎么是损人利己呢？这样就乱了套，就像《镜花缘》里的君子国，让人不知所措。

"按照市场经济的规律，这件事情该这样办：假如这个大苹果值5毛钱，我若挑大的，便补偿你1毛钱；若挑小的，你便补偿我1毛钱。这样公平合理，大家都没意见。合理的，才是道德的。

"当然，个人的道德行为另当别论，就整个社会的普遍原则说，离开公平合理讲无私奉献，是带强迫性的道德要求，只会造就另外一批占别人便宜的人。蛇口很早就建立了市场经济体系，蛇口青年的思想观念与他们的经济生活密切相关，他们不愿意接受计划经济时代的道德准则，因此冲突就不可避免地发生了。再说这样的事情在蛇口已经司空见惯。宦乡一共来了蛇口5次，最后一次对我说，这里的青年争论得很厉害，思想非常尖锐，有些问题我根本回答不出来，你是怎么培养出这样一批人的？所以'蛇口风波，虽然在外面闹得沸沸扬扬，蛇口本身却很平静，大家觉得这种事没有什么值得大惊小怪的'。"[10]

人民日报开辟"蛇口风波"专栏的初衷，重点探讨在经济发展时期如何加强与改进思想政治工作。讨论文稿中，不乏真知灼见。比如收复老山主攻团政委，后在国防大学政工研究室工作的老军人认为，商品经济的发展使得思想政治工作的改进不可或缺。许多同志提出，必须与时俱进，加强思想政治工作。"蛇口风波"的各方就如何加强思想政治工作，特别是如何加强经济发达地区的思想政治工作尚未展开充分的探讨。现在回过头去看，前些年我们重视经济发展的同时，忽略了制度建设和思想政治工作，留下了沉痛的历史教训。新时期如何加强思想政治工作，也是今天全社会需要思考的问题。

---

10 袁庚：《弹丸地里大试验蛇口不是桃花源》，《南方都市报》2008年12月18日A20版。

为你举手加额，为你扼腕叹息

在蛇口实行舆论监督，落实宪法规定的人民言论自由，对于蛇口的积极意义是不言而喻的。1993年9月，新华社记者黄扬略在一份“内参”中，先行提出问题：为什么像蛇口这么一个紧挨香港、金钱诱惑很大、商品经济活动纷繁复杂的地方，自开发兴建工业区至今14年，从没发生携款外逃事件？约2000名干部中仅有两三个发现有严重经济问题或经济犯罪行为，绝大多数干部勤政廉政？

新华社记者的答案是：“工业区领导一再鼓励的报纸、电台、电视台公开批评、讨论等形式的社会舆论监督，基本上形成了一个比较健全有致的干部监督体系。可以说，蛇口的干部尤其是有一定职权的领导干部，其思想行为基本上置于‘光天化日’之下，旁观者自省，至观而自戒，不廉洁不检点的事情自然就少了，犯罪的事就更少了。”

“民选官”“民评官”促使“领导干部能上能下”变为现实。1985年选举第二届管委会领导班子，落选的梁宪在宣布选举结果的当晚驰书袁庚，倾诉感触很多，表达“并非一个落选者的失望”，而是欢欣“蛇口成长壮大”，“与事业的成败比较起来，个人的进退是无所谓的”，“我举双手拥护新班子，衷心祝贺第二届管委会光荣诞生”！

此后，先后有王今贵、陈金星、彭顺生、余昌民、卢晓等在选举中落选，都能正确对待。

那么聘任的“官”呢？先说王潮梁。1983年11月19日，被招聘调进蛇口的王潮梁，被聘为“海上世界”股份有限公司总经理。1984年1月26日，“海上世界”因邓小平题词而开始名扬中外。还不到百天，4月中旬，王潮梁被调离“海上世界”。对此有人不理解，有人很同情，他却很淡定。3年后，1987年，王潮梁被推举为首届董事会14名候选人之一。答辩会上，有人问他对自己几上几下有何感想？他强调上去应该拿得起来，下去应该放得下去。认为通过几上几下受到很大锻炼，大大加强了承受能力，对自己有很大的好处。他的话赢得热烈的掌声。

取代王潮梁就任“海上世界”总经理的郑奕，年仅24岁，上任之初首先改革工资制度，得到袁庚的支持。但在如何使用一名干部的问题上，郑奕和工业区组干处谈不拢，寻求袁庚支持。袁庚说在干部问题上听组干处的，郑奕很不理解。袁庚的理论是，我们的干部没有绝对的责任，也就没有绝对的权力。“海上世界”是国家的财产，当权、责、利还不是很分明的时候，不应该给个人绝对的权力，用人必须通过人事部门，因为党的组织部门对整个干部队伍有更全面的考量。

后来，郑奕因“海上世界”参与倒卖汽车活动，被解除了总经理职务。

郑奕出事后，袁庚与他有一场对话，核心话题四个字：有错就改。在工业区会上，袁庚呼吁：“希望大家共同关心那些犯过错误的同志，不要看不起他们，应该更加热情地帮助他们，使这些同志早日站起来，有错就改，继续为党工作。”

郑奕由总经理变成外国石油公司的小司机，工作起来很认真。

在蛇口的电力建设中，电机工程师丁传作是一位大功臣。1987年8月6日上午10时零5分，蛇口工业区突发停电重大事故，长达2小时40分钟，给数百家企业和居民造成很大损失。丁传作时任供电公司总经理，停电事故并不是他个人的直接责任，但他勇于担责，在8月8日的辞呈上说“作为一个公司的负责人，对于本公司所发生的一切失误及事故均负有不可推诿的责任”，“难辞其咎”，申请辞职，“以谢天下”。《蛇口通讯报》赞他是“失败的英雄”。

1987年5月8日，于4月底选举产生的蛇口工业区第一届董事会14名候选人，在经过连续3个晚上的演讲答辩后，经过民主选举产生7名董事，招商局委派袁庚、王世桢、梁宪、梁鸿坤4名董事，共产生董事11人。袁庚任董事长，王世桢、王今贵任副董事长。5月14日，蛇口工业区董事会第一次会议，明确工业区实行董事会领导下的总经理负责制，所有权和经营权分开，决策监督权、执行权分开，做到责、权分明，理顺关系，提高效率。6月3日，董事局召开经理会议，宣布聘任乔胜利为工业区总经理，陈金星、车国保、顾立基为副总经理。袁庚董事长报告首次董事会议的情况，强调“创办工业区，就是应有敢于冒险的开拓精神，在改革中先行一步”。

在谈到蛇口要达到什么目标时，袁庚再一次强调社会主义民主，说：“我们历来提倡，人民要有免除恐惧的自由，应有知情权，我们的报纸要有批评领导者的权力，蛇口人要做堂堂正正的中国人，从而使蛇口真正成为开放的社会、民主的社会、文明的社会，敢于同世界上任何先进的工业区一争短长。”

对于蛇口工业区在民主建设方面的探索，《人民日报》1998年12月24日在一篇署名文章《蛇口的另一种探索》中，正面而审慎地评价，指出“既然是探索，有不完善处，有不同意见，是正常的。目前，关于政治民主化的探索还太少，蛇口作为一个‘试管’，它的经验能够打开人们的思路，是值得重视的”。

随后，蛇口开展的民主选举，选民投票率呈下降趋势，对选举的质疑呈上升势头。

1987年选举首届董事会投票率，较之1986年管委会信任投票率下降4%。

1988年7月22日，首届董事会信任投票结束，投票率仅有66.8%，刚过三分之二。此次信任投票不针对个人，只对董事会集体。此前7月4日，《蛇口通讯报》发表署名“海声”的来信，建议“工业区领导公开个人财产情况，并继续实行对董事个人进行信任投票的做法”。“海声”希望工业区领导能够对蛇口民主建设和政治透明度再做贡

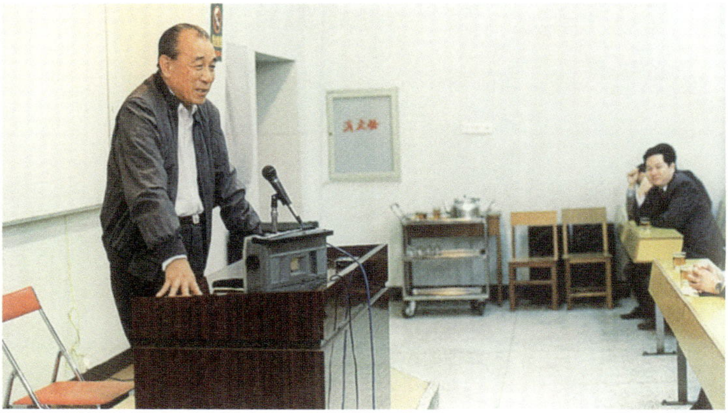

袁庚（左一）代表第一届董事会在新闻发布会上向群众报告工作，接受质询

1990年10月，蛇口工业区第二届董事会选举答辩会场内外

献，公开董事会成员（董事长当然不能例外）、总经理及政府负责人的个人财产。“建议仍应保留原来对当时个人的信任投票”，理由是这种针对个人的投票，“包括对个人作风和品质方面因素的考虑”。

一向重视民意的袁庚，对“海声”所代表的部分干群所提出的两方面的建议，并无任何回应。

此后，《蛇口通讯报》发表过两封措辞比《该注重管理了——向袁庚同志进一言》更大胆、尖锐、公开批评袁庚的读者来信，只是再无轰动效应，袁庚也没有回应。

公开民意、民声难，蛇口知难而进，做到了。根据民意、民声修正错误调整策略，难上加难。蛇口因没有相关的制度跟进，在关隘前徘徊不前，引发调整甚至反复也在所难免。

尽管困难重重，但在蛇口的改革并没有停顿。

暂且回望一下在袁庚主导下，蛇口所创造的全国首创或全国第一吧。历数起来，至少24个。诸如第一个进行工程招标；在全国率先实行人才公开招聘；第一个改革人事制度，冻结原有级别、工资等级，实行聘任制；第一个进行分配制度改革；第一个实现住房商品化；第一个建立社会保障体系；第一个在企业内部进行民主选举；第一个对管理层进行民主评议，举行信任投票；创办全国第一家由国有企业为主的中外合资股份制企业——中国南山股份有限公司；建设第一个由企业自筹资金、自主经营、自负盈亏的对外开放海港……

在金融体系，1984年，袁庚在招商局成立了中国第一家企业内部结算中心和财务公司，被称赞为“近50年来中国金融业最具震撼力的事情”。[11] 在这个基础上，1986年8月11日，中国人民银行正式下文批复，同意试办招商银行。

1986年，招商局迎来诞辰114年，座谈会上，招商局社保公司经理助理马明哲首次提出，能不能像100年前招商局为轮船办保险公司一样，让工业区重操旧业，袁庚回答他：“我不同意你的观点。”

此前，马明哲设想蛇口工人每人每月交付一点钱，作为基金，为蛇口职工的工伤或离职人员提供经济保障，但遭遇到政策上的阻碍。马明哲猜想袁总或是基于政策上的考虑而没有同意，企望单独面见他，说服他。3个月后，蛇口工业区副总经理车国宝带着他坐船到香港，向袁庚面呈个人意见。他谈的是创建一家商业保险公司的必要性及

11 王玉德、杨磊等：《再造招商局》，中信出版社，2008年版，第10—23页。

其前景。

仅仅汇报了5分钟，袁庚立即赞成："我支持你们！"马明哲适时地送上早已拟就的草案，袁庚仔细阅览，改动了几个字，说："可以，你们先报上去。"

申请开办保险公司关隘重重。袁庚分别给当时的中央财经领导小组秘书长张劲夫，中国人民银行行长陈慕华、副行长刘鸿儒，国务院特区办公室副主任胡光宝等人，详陈成立一家新型体制保险公司的必要性。

一名负责国际业务的副总经理告诉马明哲，"建议很好"，"条件不成熟，将来会支持你们"。

1987年，马明哲带着袁庚写给张劲夫的信，走进中南海，拜见张劲夫。[12]

1988年8月间，招商局与中国工商银行、深圳信托投资公司合资成立了中国第一家企业股份制保险公司——平安保险公司。

袁庚创办工业区，最早钟情于工业，这从他为蛇口街道所起的工业一路直到工业八路的名称，即可看出。他也鼓动香港朋友马太夫妇在蛇口创办免税商店，兴办商业，涉足金融。这个时候，他与时俱进地提出向高科技领域进军。

12 卢丽涛等：《改革者袁庚》，《第一财经日报》（上海）2016年2月1日。

1988 年 9 月 10 日，袁庚在蛇口工业区引进工作会议上，明确提出“蛇口工业区要转型，要发展知识密集型行业，要提高智能公司，发展智力输出”。到年底，在由四川省计算机公司、新加坡CTM科技公司和蛇口工业区合资开办的高科技电子公司举行一周年庆典会上，袁庚挥笔题词：“用脑细胞创造财富”。

蛇口高新企业已经起航。

招商局中银漳州经济开发区将在更高的层面上复制“蛇口模式”。

1991 年 1 月 25 日，时任全国人大常委会委员长万里视察蛇口工业区的港口、建设中的蛇口集装箱码头等地，并为工业区题词：“南国春来早”。

1992 年 1 月 23 日，邓小平在深圳市委领导的陪同下，乘车视察蛇口工业区、赤湾、左炮台以及厂区社区。

1992 年 2 月 7 日，袁庚陪同老领导、时任全国人大常委会副委员长叶飞视察蛇口工业区，叶飞说：“希望你们好好总结经验，不光总结经济建设的经验，更需要总结走社会主义道路的经验，不要怕困难，不要怕压力，把步子迈得更大些。”

即使老骥在途，志在千里，但毕竟老了。

1993年3月，75岁的袁庚第三次申请离休，终获批准。

招商局的干部们记得，有一回干部大会上，他掏出自己因公往返港澳通行证件，上面密密麻麻地盖满了深港两地边防印章，举着，摇摇：“你们忍心看着一个70多岁的老头，每天拿着这个本子在两地跑来跑去吗？”他劝勉干部努力工作，不要让一个老头失望，也有放下担子歇歇的潜意识。今日，总算如愿以偿了。

春去春来，白了头。

春三月，袁庚交出他“掌控”了15年之久的招商局及其蛇口工业区。

蛇口，中国改革开放前沿阵地的一支“试管”。

“袁庚一生的最高潮，在深圳蛇口。是袁庚，成就了蛇口，蛇口也成就了他，袁庚和蛇口，都成了改革开放的一个标本。”[13]

袁庚主政招商局，创造了百年招商局的第二次辉煌。他离职的这一年，蛇口工业区人均GDP已经比肩“亚洲四小龙”的5000美元。曾几何时，蛇口就像一个自成一体的“独立王国”政企合一，拥有税收征管、土地规划、项目审批等权限。随着领头人袁庚的离职，渐渐地，蛇口褪去

13 财经内参：《刚刚，一位引领过中国的大佬走了》，《永远的袁庚》，招商局集团编印。

了它的先锋色彩。三五年后，随着全国更多经济开发区的崛起，蛇口开始变得“无声无息”。后来，由于深圳经济特区的做强做大，深圳市城市版图迅猛扩张，2004年，蛇口工业区被撤销。从此，蛇口，只是深圳市南山区行政版图上的一个社区，一处风光秀丽的滨海宜居之地。那些散落在蛇口的原先工业区的港口及其企业，仍归属于中资招商局，成为纯粹的企业。

早在1984年，香港招商局成立香港招商局集团。2009年，招商局集团提出“再造新蛇口”的口号，重新定义蛇口，改变工业区所造成的厂区形象，升级为全新的商业区。

2014年年底，广东自贸区获批，蛇口入选自贸区。此后，国家确定发展粤港澳大湾区。处在大湾区海岸线上的蛇口，迎来了更大的发展机遇。

远去了，那过往的蛇口工业区。

一个革命老人，在向所有的向前走不回头的坚韧者致敬。

第六章

初心不改

老摔哥：向前走，莫回头

在改革开放初期披坚执锐，筚路蓝缕的先行者、探索者的袁庚，晚年深刻反思自己的失误或遗憾，向笔者坦陈有三大“错误”，尔后，他更正为有三大“失误”。

那是2003年9月下旬，笔者还在香港文汇报任记者，第一次采访袁庚。他用三大“错误”为自己往事作总结。他对笔者说：

第一大“错误”：

我打了个报告给中央，李先念代表中央五个主席接见我。我把当时的宝安地图摊开给他看，说：“希望您划个地方给我们。”他大笔一挥，划了30多平方公里出来，都到了南头、机场一带，我不敢要啊！我哪有钱呢？那时发展一平方公里要一亿一千万哪！1981年，香港总督麦理浩

袁庚在离开领导岗位之后，依然关心蛇口工业区的建设

来了，跟我聊天，他说香港开发一平方公里的金额至少是这里的十倍以上。

第二大“错误”：

蛇口开发之初，香港13个大财团来蛇口访问。其中包括包玉刚、王宽诚、冯景禧、胡汉辉、李嘉诚、霍英东、胡应湘等亿万富豪。我带他们看了蛇口的规划图，他们大感兴趣。后来派李嘉诚先生来跟我说：“袁先生，国家给你这个权力开发这块地，能不能让我们大家都参加进来呢？是否也可以让港人享受一些蛇口工业区的改革开放优惠政策呢？我当时思想还不够解放，心中无数，只得对他们一一作揖：“各位老兄，我对你们将来的投资能不能收回没有把握，不敢牵累各位啊！”他们只得哈哈一笑了事。如果当时把这批人搞进来的话，蛇口早就大变样了！

第三大“错误”：

蛇口工业区既是一个企业，又是一个社区。当时，在蛇口发展得最好的时候，假如我抓住时机给蛇口立法，让它成为特区中的“特区”，该有多好？[14]

后来，袁庚嘱咐笔者将“错误”改为“遗憾”，这样说也就更准确一些。

第一个遗憾，致使工业区腾挪空间有限，制约了对资

14 杨大侠：《袁庚与王石：两个时代的“逃亡者”》，商界招商网，2016年2月3日。

金的承接，对项目的落地，限制了有识之士在更大的空间发挥才干。清华大学某研究院的青年专家，在蛇口办班、讲学，袁庚很赏识他，力邀他到蛇口工作。这位专家不客气地说，如果工业区是整个南头半岛那么大，我会去。蛇口，弹丸之地，我不去。

第二个失误造成的遗憾，有商界人士认为，在计划经济与市场经济长期博弈的中国经济，这种拒绝港资北上，是悖逆时代的失误。“如果当年香港和内地合作，实现真正的资本与人性融合，或许，历史又是一番面貌吧。”[15]

希望他谈贡献，他却谈错误。当时，笔者听呆了。袁庚，作为一位功成名就的长者，中国传统的做法是不断为其添加传奇的油彩，他却在成绩面前寻找不足，显示了他的高尚情操和特别之处。那时，笔者便决定写他老人家的传记。[16]

2005年1月，笔者为了《袁庚传》的采访、写作，辞去香港文汇报的工作。2008年3月，作家出版社出版了50万字的《袁庚传改革现场1978—1984》。让笔者感动的是，袁庚极少说自己的事，问到他，只说这件事你去找某某某，我说了不算。更让人诚惶诚恐的是，他本人坚决不审稿，哪怕涉及他的隐私，他在残酷战争中的情与爱，

15 涂俏：《袁庚与香港的一段情缘》，《香港文汇报》2003年10月6日。

16 卜昌伟：《〈袁庚传〉记叙改革开放前沿之声色光影》，《京华时报》2008年5月5日。

袁庚晚年

他、他老伴、他子女都不审稿！他们说，“这是你的东西，你有你的自由”。这就让笔者写作中战战兢兢，如履薄冰，采访时力求全面、客观，力求真实、公正。

袁庚在蛇口主张并实行取消行政级别，量才录用，自己离休以后，国家规定他享受正部级待遇。

刚离休那几年，袁庚保留或者别人硬送给他的头衔还有20多个：招商集团有限公司顾问、中国南山开发股份有限公司名誉董事长、香港近海油田股份有限公司名誉董事长、赤湾石油基地股份有限公司顾问、海口大学兼职教授、招商银行名誉董事长、平安保险公司名誉董事长等等。

离休后，他在中央媒体的出镜率还比较高。

1997年1月9日始，中央电视台摄制的12集大型电视文献纪录片《邓小平》在蛇口工业区连续播出。第九集《走向世界》介绍了蛇口工业区，再现蛇口开山炮、袁庚陪同邓小平登上微波山视察蛇口，袁庚提出“时间就是金钱，效率就是生命”口号的镜头，引起蛇口观众的热议。

半年后，中央电视台《东方之子》栏目组采访袁庚。1997年10月，中央电视台连续两天一至九套《东方之子》栏目播出袁庚的专题访问。

袁庚与家人游览黄山

袁庚接受上海《文汇报》记者采访

这个时期他还是蛮活跃的。每有邀请，他大都躬逢盛会，渐渐地更多偏重于文化、文学、教育、学术等方面的活动。

1997年1月26日，为纪念邓小平视察南方5周年，由深圳特区报社、蛇口工业区党委宣传部、蛇口消息报联合举办的“邓小平在深圳大型图片展（蛇口部分）”开幕，袁庚赶到风华大剧院参加开幕式，与图片摄制者、提供者深圳特区报摄影部主任江式高共同回忆往日幸福时光，还站在图片前进行讲解。

1998年初，深圳蛇口的年轻人出版了散文集《每棵树都有牵挂》。1月8日，深圳市作家协会、蛇口工业区宣传部在蛇口举办该书创作研讨会。袁庚在主席台上，饶有兴趣地听作家高晓声与蛇口作者谈蛇口的文化内涵与特区的移民精神。他想的是每棵树都要把根扎进生活与现实的泥土里去，才能伸枝展叶，开出花来。

一年后，周祺芳主编的《见证蛇口》一书出版发行，袁庚不仅参与撰稿，还为本书作跋。他认为：

“蛇口这个引人注目的异数，很早就被人涂敷上乌托邦的色彩。作为对社会进行反思的独特方法，乌托邦追求完美社会的理想永远具有激荡人心的力量。但是若把蛇口与乌托邦等同起来，至少会产生逻辑上的麻烦，因为‘乌托邦’一词来源于‘美好’与‘乌有’，而蛇口则经历了含有成功与缺失的丰富的社会实践。”

1998年12月31日，袁庚以老迈之身乘车前往广州，参加当年力推改革的“战友”，深圳前市委书记、市长梁湘的葬礼。

2003年7月间，86岁的袁庚被香港特区政府授予“金紫荆勋章”。10月，上海市人民政府授予袁庚“中国改革之星”称号。

2005年，袁庚88岁，9月1日，时任深圳市委书记的李鸿忠向他颁发由党中央、国务院、中央军委制作的中国人民抗日战争胜利60周年纪念章。

2006年，袁庚大病一场。4月23日，他生日那天，蛇口工业区邀请他乘船游览蛇口海域。他眯缝着老眼，望望曾经留下过他身影的一湾、二湾、三湾……

2008年9月，袁庚乘轮椅观看了《春天的故事》大型图片展。他对冲着他拍摄的记者大笑：你们上当了，谋杀你们的菲林了。当91岁的他目光落在自己67岁那年，与邓小平同坐在沙发上进行汇报的照片的时候，现场的镁光灯亮成一片！

他孩子般笑着。

他最后一次留在公共视线下的，是一张阳光般明亮的笑脸。

袁庚家住海滨花园小区的二楼，每次笔者采访结束，他都坚持送到门口，下楼梯时总是叮嘱：“小心摔倒，向前走，莫回头。”一语双关，令人回味。

渐渐地，他过着云淡风轻的日子。平日里他喜欢早上起来练练毛笔字，读报。然后午休，下午3点起床，接着读书看报，练字。他的古文基础甚好，到老了依然可以大段地背诵《过秦论》《纵囚论》《滕王阁序》，记得许多唐诗宋词，能完整地吟诵林黛玉《葬花吟》。他还会到小区里走一走，活动筋骨，带上巧克力冰棍，送给围上来的小孩。毕竟年纪大了，出外老是摔跤，腿上、手臂上常出现一块块的瘀青。

袁庚自嘲为“老摔哥”。摔哥，与广东话“帅哥”谐音。2010年他摔坏了腿，韩耀根经常去探望他。他一再用顺口溜鼓励晚辈：长江后浪推前浪，英雄出自少年郎。人生百岁笑嘻嘻，九十不稀奇，八十小弟弟，七十流鼻涕……他送韩耀根到门口，也总是说：向前看，莫回头。

他会把拐杖丢掉，给探望者们敬礼。

一个革命老人，在向所有的向前走不回头的坚韧者致敬！

“我不是美国特务”

袁庚赋闲在家，最高兴的，莫过于“风雨故人来”。

招商局、工业区新领导、老同事，逢年过节登门问候。

东江纵队的老战友们前来探望他。1999年11月5日，广东省原省长、省委书记刘田夫赴蛇口工业区参观访问，与袁庚回忆东纵烽火岁月，畅叙蛇口工业区开创初期的艰苦历程。当初，袁庚向东纵战友广发英雄帖，希望他们的儿女能到蛇口“杀出一条血路来”，可惜没有几个人响应，认为一片荒凉的海滩无法让后人施展拳脚。当蛇口一片红火之际，许多人后悔了，嘱子女投奔袁庚。他照规定办，让老战友的后代一律参加考试，也是择优录取。

水贝村的父老乡亲也来看他。他们说，村里有人怪罪

袁庚（右一）与当年运送炮兵的老船长屈椿华合影。1949年，蚝民屈椿华，驾驶船只运送袁庚带领的炮兵团攻打大铲岛，31年后，老哥俩再度在蛇口相遇

他，为什么开发蛇口而不开发自己的家乡水贝？他听了只是笑笑。也有人提到，水贝修造死难烈士纪念碑，纪念1945年10月赴港遇难的十多位东纵队员和他一家四口，拟把他父亲、妻子、儿子、二弟的名字刻在碑上。他问那十多位烈士的名字知道吗，回说无人知晓，他当即断然拒绝把自己父妻子弟名字勒刻石上。他说，你们这样做，对那些无名战士是不公平的。他拒绝了乡亲们的好意。

中共中央书记处原书记、国务院原副总理谷牧来看望他。1978年至1988年，谷牧同志作为党和国家领导人，在中央书记处和国务院分管对外开放工作。

谷牧直接领导蛇口改革开放试验，先后18次亲临蛇口，为蛇口稳定发展呕心沥血。1994年1月8日，担任全国政协副主席的谷牧与袁庚并排坐在招商局档案馆的长沙发上，谈笑甚欢，一同浏览谷牧任副总理时在建立蛇口工业区文件上的批阅文字。袁庚感慨地说："那时你还很年轻。"

1999年3月28日，谷牧再次视察蛇口工业区，并在下榻的麒麟山庄单独约见了袁庚，畅叙情谊。

谷牧第18次也是最后一次视察蛇口，是2002年4月18日。这天，88岁的谷牧从北京南下看望85岁的袁庚，他与深圳原市委书记李灏、山西省原副省长李桦、福建省政协原副主席邹尔均、厦门市原市长江一平一行来蛇口看望袁庚。这一次相见，距他们在中南海李先念办公室的首次会晤，已然走过了24年。

这位国家领导人礼贤下士，念及旧情，不忘在改革开放最前线冲锋陷阵的志同道合者，让蛇口人深受感动。

后来，2008年，谷牧在94岁那年完成了《谷牧回忆录》，于次年出版发行。他在第六章"改革开放年代"里忆及"蛇口模式"与"深圳速度"。在谈及"深圳特区"时，谷牧写道："在这（指批准建立深圳经济特区——作者注）之前，1979年2月，国务院批准交通部香港招商局在蛇口投资办的2平方公里的工业区，也作为一部分划入深圳特区。蛇口工业区由香港招商局副董事长袁庚同志牵头，在1979年5月破土动工，首期开发1平方公里。在施工中引进国外先进管理经验，提出'时间就是金钱，效率就是生命'的口号，创造了较快的速度和较好的效益，以后被誉为'蛇口模式'"。并配发了1984年4月谷牧听取袁庚汇报蛇口工业区开发建设情况的照片。[17]

即使袁庚喜欢嚼食黑巧克力，健忘症还是不可避免地来到了。他开始对刚刚发生的事转瞬即忘，年轻时的事还记得，现今的事记不起来了。蛇口工业区草创时期的事还

17 谷牧：《谷牧回忆录》，中央文献出版社，2009年，第352、353页。

袁庚与夫人汪宗谦

记得一些，“后袁庚时代”的事已然模糊。2006年3月底，他被确诊罹患老年痴呆症。渐渐地，他不但不认识曾经胼手胝足的战友、同事，甚至连最亲近的妻子与晚辈都不认识了。

在一个阳光西沉的午后，他用手比画着，示意护工小刘备好钢笔和本子，放在他的膝盖上，再把妻子汪宗谦与儿子袁中印叫来，指点他们坐好，必须正襟危坐在他对

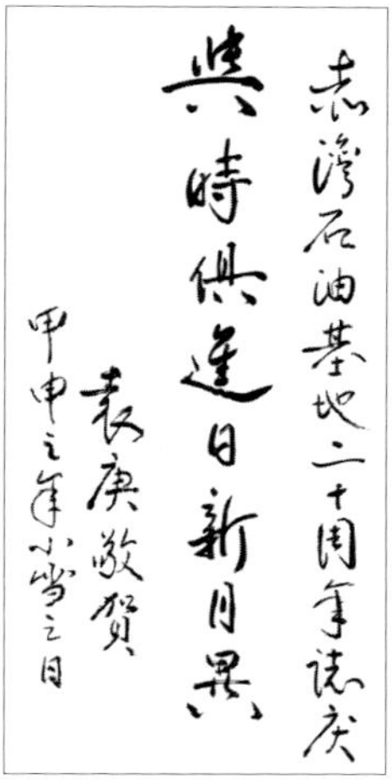

袁庚书法

面。他期期艾艾，欲说还休，然后，他开口了。

“请你们来，就是为了交代我的问题，我想了很久了，这不是我的错。”

亲人们一脸惊愕地看着他，不知道他糊涂到了什么地步。

“我不是，不是美国特务。”他那种服从、恭顺、紧张、恐惧的样子，完全把坐在他面前的至爱亲人看成是当年专案组的成员。在强大的专政机器面前，他不得不检查、交代自己的问题。

“老袁，那些都过去了。”汪宗谦忍住悲辛，毅然阻止他的自我检查和申辩。

“等等，你们听我说。”他嗫嚅着，唯恐他们拂袖而去。

袁中印端来一杯水，哄他：“老豆（粤语，意为父亲），你交代吧，还来得及，慢慢交代。但是先喝口水，润润嗓子再说。”

袁庚仿佛并不糊涂：“很长，很长的事情要慢慢说。”

“不急，”儿子说，“你慢慢说。”

袁老听话地点点头，喝水，然后是讲述，安静地回忆自己根据中央安排与盟军进行情报合作的陈年往事，说不到几句，眯缝起眼睛，倚在床头睡着了。

他的思维已经由不得他做主了。当大脑浸淫于错愕与无序状态时，天晓得什么时候倒带，让他清醒地回到“从前”，反复申明“我不是特务”，交代片言只语，恨不得交出心给组织看，表白自己对党的忠诚，强调为人民服务造福祉的初心未改。

“我交代，我不是特务。”

当他不再回到不堪回首的冤屈，当他不能够清楚、明白地吐出一个字，一代英豪，就如石头一般地沉默在如血的残阳里。

他追求并努力在蛇口工业区营造免于恐惧的环境，自己却在走近人生终点站的时候，还有一点点意识的时候，在恐惧中关闭了与世人交流的通道，回到了人之初的混沌的原点。

魂归大海

2016年1月31日凌晨3时58分，袁庚病逝于蛇口，享年99岁。

不好解释，也用不着解释，这一天，恰恰是他37年前走进中南海，得到李先念、谷牧赞同创立招商局蛇口工业区的纪念日。

他的后人说："老人走得很安详。"

九九归一，袁老千古。

袁庚逝世后，中共中央总书记、国家主席习近平对他表达了悼念，对家属表示慰问。李克强、刘云山、王岐山、张高丽、江泽民、胡锦涛、汪洋、李鹏、朱镕基、温家宝等中央领导同志送来花圈。习仲勋夫人齐心、邓小平后人、谷牧后人、耿飚后人也分别致送花圈。

袁庚家庭

当日下午4时30分，时任广东省委副书记、深圳市委书记马兴瑞，深圳市市长许勤，市人大常委会主任丘海，市政协主席戴北方，率深圳四套班子成员来到袁庚追思堂悼念袁庚同志。此前，当日下午3时许，招商局集团董事长李建红、总经理李晓鹏一行已在追思堂悼念袁庚。是夜，蛇口人自发举办祭奠活动。在寄托“蛇口精神”的地标——女娲补天石像前，在细雨霏霏中，市民络绎不绝地前来，向袁庚遗像鞠躬，献花，表达哀思。原凯达公司打工妹郑艳萍回忆起袁庚对工人权益的维护，深情地说：“他尊重我们每一个人，对我们都很热情”，说着说着泪水夺眶而出。更多人通过微信、微博等形式，对这位改革开放的先行者表示敬意。

在追思堂，在追悼会会场上，自发前往吊唁、送别的数千名民众中有招商局普通员工，有被袁庚“骗”来的北大、清华等院校师生，有他的追崇者，有一般市民，有东江纵队老战士后代。有几个老年妇女哭得催人泪下。她们是袁庚当年接回祖国的印尼华侨。她们在“文革”时受到不公正对待，生活困难，辗转到香港招商局寻求袁庚的帮助。当年袁庚接她们回国时说过，政府会对她们负责到底的。袁庚设法帮助这几个人在香港找工作安身，努力践行

海葬是袁老生前遗愿

当初的承诺。今天，恩人仙逝，她们哭得十分伤心。

2016年2月16日下午，深圳湾海面天低云暗，雨冷波寒。袁庚家属、招商局领导和员工代表从蛇口二突堤码头登上拖轮，经蛇口港区、赤湾港区、妈湾港区，怀着崇敬和不舍之情，沿途向大海抛洒袁老骨灰和花瓣。

海葬是袁老生前的遗愿。“半生戎马固我江山智勇双全老战士，一心图强重塑民魂彪炳青史改革家”，这副挽联准确地概括了袁庚的一生。他生于海员之家，在东江纵队、两广纵队，组织印尼撤侨，在海滨蛇口开辟工业区，无不与大海相连。“滚滚珠江南入海，洒满伶仃春色”（袁庚《念奴娇·登微波楼》）。今日，英魂归海，他将与大海的波涛永远依恋着他所钟爱的蛇口。

袁庚逝世后，中国各大媒体纷纷在重要版面或网站重要页面刊登悼念文章。《人民日报》发表《改革的伟力在于激发人民》。新华社刊发《世上再无袁庚　改革仍在进行》，从不同角度阐释悼念袁庚在当下的重要意义。袁庚是先行者、探索者，他的改革推动将为后续改革者引路。

袁庚生前时常说：历史是由后来人评说的。

蛇口，蛇口工业区，一个地名，一段并不久远的历史，一个永久的符号。

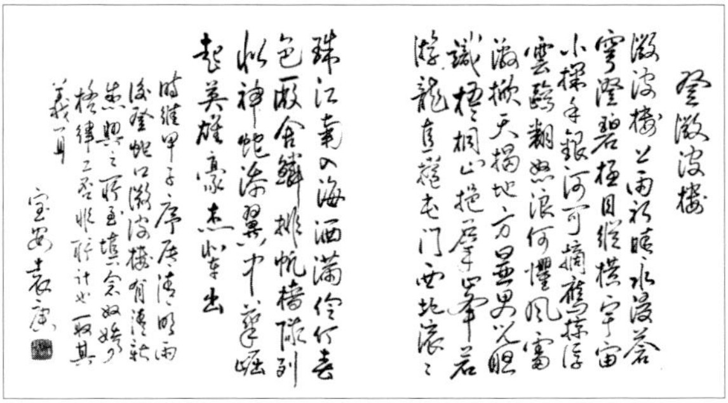

袁庚墨迹

1998年，袁庚回忆创办蛇口工业区20年，把蛇口比作“爱迪生的灯”：“1878年，爱迪生门罗帕克实验室最初点亮的白炽灯只带来8分钟的光明，但是，这短暂的8分钟却宣告了质的飞跃，世界因而很快变得一片辉煌。最初那盏古拙的灯泡，它的纤弱的灯丝何时烧断并不重要，重要的是它真真确确留给了人们对不足的思索，和对未来的希望。”

在习近平总书记高度评价的“中国第二次革命”的改革开放中，正是由于一批先行者、一批拓荒牛“对不足的思索，和对未来的希望”，才有了蛇口一段拓荒开垦的历史，一个让人不忘初心、方得始终的思考符号。

2018年12月18日上午，在人民大会堂隆重举行的庆祝改革开放40周年大会上，党中央、国务院表彰改革开放杰出贡献人物，袁庚荣膺“改革先锋”称号，获颁“改革先锋”奖章。

在蛇口，在海上世界文化艺术中心大楼前，2017年4月23日，耸立起一尊袁庚全身雕像。花岗岩基座上，袁庚面对着碧波万顷的蛇口海湾，目光深邃，兴意盎然，从容迈步。

袁庚先生，你还在吟哦你的《登微波楼》诗句吗？

极目纵横宇宙小
探手银河可摘
鹰掠浮云
鸥翻怒浪
何惧风雷激
掀天揭地
方显男儿胆识

2016.7.1　完稿于福田华明楼
2018.6.22　修订于蛇口悠然居
2019.9.18　再次修订
2020.7　第9次修订

相关附录

秘密大营救

遵照党中央要不惜任何代价，尽快把困在香港的爱国民主人士和进步的文化界知名人士抢救出来的指示，我们党在香港的各个组织和我们东江抗日游击队，展开了一场秘密大营救的斗争。

八路军驻香港办事处主任廖承志同志，十二月七日接到党中央和周恩来同志的急电后，立即布置应变工作。八日，正当日军进攻九龙的上午，廖承志同志在香港召集了紧急会议，请文化界、新闻界的一些同志和朋友参加。大家分析了形势，认为英军不可能长期坚守，必须立即组织疏散。决定（通知）住在九龙（半岛）的爱国民主人士和文化界人士，赶紧转移到香港（岛）隐蔽起来，等候下一步布置撤退。

十二月九日，周恩来同志又急电廖承志等同志，对有关人员撤离香港的路线作了明确的指示：除了去广州湾、东江外，马来西亚亦可去一些；如去琼崖与东江游击区则更好。到游击区的人员，即转入内地，可先到桂林。接着，周恩来同志又来电急切地询问：在香港的文化界朋友如何处置？住九龙的朋友已否撤出？与曾生部及海南岛能否联系？周恩来同志对援救身陷危境的爱国民主人士和文化界人士，心情是多么迫切，考虑是多么周到啊！

摘自曾生：《曾生回忆录》，解放军出版社，1992年版，第215页。

配合盟军作战

东江纵队从创建时起，就建立了一整套的情报工作，工作人员逐渐发展到二百余人，情报站遍布东江敌占区，南起香港，北至广州，东至海陆丰，西至珠江东岸。粤北沦陷后，又扩展到西江、北江。为了同欧乐义博士（又译欧戴义，编者注）合作，向盟军提供日军有关情报，我们决定由袁庚组建联络处，具体负责与欧乐义联系。由于我方工作人员的努力，和付出了不少牺牲和代价（牺牲了郑重等同志），搜集了许多重要情报，其中包括日军启德机场和南头西乡机场的图例及说明，日军K型（神风）攻击机的全部设计图，日军华南舰队的密码和虎门地区巡逻舰艇的报告，广九铁路沿线和稔平半岛、太平、虎门、新界等地日军工事图解，日军根据琉璜岛战败后改进的洞穴式工事构造图，日军第一二九师团南下全过程和作战部署方案等重要文件，日军在香港的机关、军火库、油库、船坞和战舰方位的详图及材料，等等。这些情报，都是先报请党中央同意后才向盟军提供的。对于我们提供的情报，盟军认为非常宝贵，第十四航空队陈纳德少将、驻华美军司令部，甚至华盛顿都极为赞赏，认为“第十四航空队驻东江纵队的情报站，是美军在南中国最重要的情报站”。陈纳德少将，第十四航空队曲江办事处、昆明办事处负责人都给我们发来电报表示感谢。这些电报说：“我们对最近你们供给的特别情报很感谢。同时寄上来的文件，被我们认为：优越，奇异。我们这里对收到的文件表示最快慰的祝贺。”“我们对你们近来关于敌军及其活动、驻地和番号的报告特别感到喜悦，这些情报是重要的，实际上它是有生命力的，因为它，揭露了敌人的企图和活动，帮助我们的指挥当局取得更好的结论和计划。”“你们关于一二九师团的报告很优越，总部致以谢意。”“华盛顿对发现一二九师团及其消息致以庆贺。”“欧乐义博士在调离情报站时给我写了一封告别信说：你的经过袁（庚）先生的部门所做的情报工作是有显著的成绩的。对于你们曾做过的工作，我感到极大满意，请把我的深切情意向尊敬的袁先生及他的工作人员表达。”

摘自曾生：《曾生回忆录》，解放军出版社，1992年版，第370页。

英国人的感谢信

先生：

这是一封短信，告诉你格尔拉夏和我正在做的工作，我们现在教练使用H.G.Bren和Luis机枪，同时学使用三寸口径和二寸口径的炮，我们享受着和我们一齐工作的人的和善的款待。我们到了这个地区，只剩下身上的衣服，而他们（“东纵”游击队——作者注）供给我们吃、穿、住，一点不要酬报。这些人民对斯克利维恩上尉（Capt Scriven）和他那一组人亦是同样的款待，而且送他们到重庆去。现在斯上尉和那一组人都在那儿了。这儿是需要很多人，包括皇家工程队（R.E.），这种人材是受欢迎的。如果任何人希望逃脱，他们将找到一个带路者在等待着他们。对在营里面许多人这种情报也许是无用的，并且因为这可能对和我们一起工作的人是一种危险的来源，所以请你把这个消息告诉谁时，要小心。如果营里任何负责人希望和外界通消息，他们可能通过这些人和引导者来这样做。我们和这里的人民希望很多正义的人来这里，帮忙这里工作。我们希望我们现在仍得原来的薪俸，因为我们是在工作着。

霍支斯（Pte.D.Hodegy）
J.Gallaher
1944.3.4

摘自陈禹山，陈少京：《袁庚之谜》，花城出版社，2005年版，第56页。

东江纵队：

这是一封表示对你们钦敬和感谢的信，因为我在7月17日从深水埗俘虏集中营逃出来后，得到你们的帮助。在集中营时，我们得到的唯一消息是在大亚湾沿岸的一些乡村对我们是同情的，但我是不能肯定我抵达惠州之前能否找到帮助。根据这样的消息，我带着足够十天的粮食（离开）集中营，以便这会儿有充分时间来完成我的旅程，但是，由于不熟悉本地的情况，不断地从敌人的巡逻与搜捕中侥幸逃脱，以及晚间的极端黑暗等情况下，我的旅途的迟缓是出乎意料之外。同时，极端恶劣的天气，日夜的滂沱大雨，因而我的衣服从没有干过。

当日子一天天地过去，我的脚受了很大的创伤，而我的进程更变成了一个极迟缓与痛苦的日程。经过了10天有半的极端不舒服的日子，我在一条山径上遇到了你们3个同志。自然，我是会被认为相当可疑的。但是，我令他们明白我是希望逃避日本人后，他们把我带到梅花村，经过了一些询问后，我便给你们的伟大组织的同志所照料了。

从那时起，我所遇到的事情好像神奇似的，我所希望的每件东西都得到了，食物、衣服、睡室，还有看护替我治理伤口，小童对我的侍候，而他能预知（到达）我的每一个愿望（生活需求）。在我最后几天选择中，我只得（剩）极少的食物。当遇到你们的同志时，我是在非常疲乏与衰弱的情景下，如果没有你们的帮助，我是完全不能抵达安全地方的，在这里我希望再次向帮助我这样多的你们表示最深的感谢。

你们的无畏的英勇，你们在敌人统治的地区中，冒着绝望的危险，进行了及进行着坚决的斗争，而获得任何人的景仰，而他们会完全明白你们的英勇行为的，我在你们处所获得伟大的仁慈与殷勤的款待，我的心充满着极真挚的、非文字所能形容的感谢。

现在我已经恢复了我的体力和健康，这是我应该离开你们重新和我国人民共同努力的时候了。我可以向你们保证，我是你们终身的挚友，而且是完全同情你们的斗争目标的，我的热情的愿望是：当我们的共同的敌人被逐出中国后，你们的目的能够实现，而你们为了这目的，正创造着这样一个伟大的斗争。

英海军中尉葛荣

8月1日

摘自陈禹山，陈少京：《袁庚之谜》，花城出版社，2005年版，第56—57页。

《华商报》上的证词

第一封

亲爱的曾司令：

我非常抱歉以前没机会写信给你们致谢。我们是这样匆骤地离开，使到我只有很少的时间，甚至在这时候，时间都非常紧迫，我只得简短地写几句。

只靠文字不能表示出我对你们为我所做的事的感激，它们太不够了。我唯一能报答你的办法是为你的工作而说话，这，我保证我将在每一个机会都去做。

几天来旅途安好。我的步行已有进步，我相信在这次旅行之后，我能和你的士兵走得一样的好。

一路上，我见到你们工作的成绩，对你们能干的组织没有别的只有赞叹，这是另一个证据，证明了你们是站在正确的一方面，并且正确地战斗着。

我希望战争不久就结束，日本人都给赶出中国去，那时候你能够继续你使中国真正民主化的战斗。

你们的战斗可能是艰难的、长期的，但是一分钟都不要失望，世界上所有善良的人民将拥护你们，并且你们的努力一定获得成功。

我希望战后能回到中国来，并看到中国在向和平幸福的路上前进，看到她获得在世界各国间她所应得的位置。

克利汉

美国海军后备军少尉

第二封

曾司令：

再给你一封短信致谢一切。

你的人员已安全护送我们。旅途上我唯一的忧虑是我会不会跌到泥沼里去。

我把我的枪、子弹和佩刀送给你，希望对你有些帮助。那不是什么礼物，对你给我的照顾我是没办法报答的。

在十四航空队中，我的声音只是微小的，但是在我回去后，它将充满着赞叹，我将尽力为你和你们获得一些帮助。

你一定相信我如果回到广州的时候，我会尽一切努力来见你，对这我是很希望的。祝你和你的夫人好！并祝你们胜利及愉快繁荣的和平。

伊根

第三封

亲爱的曾司令：

我和你的游击队伍已经走完了我的路，明天布置把我们转交给骆凤翔去，也已办妥，他将护送我们到达目的地，一个骆的军官将陪伴我们去，他叫卢振国。

再一次感谢你。你的毡和克利汉的外衣都送回了，它们使我们很舒适。祝好，并谢谢！

伊根·克利汉

第四封

亲爱的曾夫人：

有三件事使我觉得很不安：（一）我不得不走了；（二）我不

能讲中国话，你不能讲英国话；(三) 我和你见面太少了。

无论如何，人们在说再会的时候，他们总是可能再见的，我们不能互相讲话，但是我们仍然相信，我了解你的，虽然我没时常见到你，但我们和你见面的几次都是愉快的。

美国是像你丈夫一样的男人和像你一样的女人所构成的。它现是一个大国了，但是我们亦曾经有一次要向我们的压迫者作战过。那时候我们的士兵是很困难的。他们没有训练，没有好的枪，他们遭受饥寒。可是他们的勇敢和对祖国的爱给予我们以今天我们所享受的自由和繁荣。希望你们将来亦是这样。

明天我要离开游击队的照料了。这是我有一瞬写信时间的最后一次机会。我预期那一天我能见到你和你的丈夫并且和你握手。

并致诚挚的感谢和最高的好意

伊根

第五封

亲爱的黄先生（黄作梅——作者注）：

我抱歉没有充分时间写一封信足够表示对你为我所做的一切的谢意。可是，我要尽力做到。

我整个逗留在这里的时间是对我的一段奇异的教育，并且使我能够对我们所并力为她作战的真中国获得一幅明朗的图画。它给予我一个我所永不怀忘的经验，对这我将永远感激。

对于你们的人员，你们的司令和你自己，对于你对自己工作的能干的处理，我没有别的只有深切的景仰。当然对于那些贡献着生命给他们的国家的人们，除了完全成功之外，没有什么奖赏是适当的。

我确信抗日战争不久便会结束。可是就你们来说，你们的真正工作只是刚刚开始，因为那工作是一个团结的中国，在那里每一个人能获得平等的机会安居乐业。

对你们抗日战争的和建立新中国的成就，我寄以一切可能的祝福。

我希望在将来的某一个时候能够再回到中国，在更好的环境中来重温我们的友谊。

到那时候，你可以相信无论我到什么地方我将报告你们的情形，并热烈地期待着你们向完全成功的目的迈进的消息。

克利汉

美国海军后备队少尉

第六封

把我的感情写成文字的困难使我很难写这最后一封信。和共产党游击队住在一起是快乐和得到教育的。在和你们的可喜的短促的相聚中，我曾见过真正的中国人，并且增加了我对他们和他们的国家的尊敬，如果这是可能的话，我希望我离开的朋友会记着我，并且希望我们如能在什么地方再见。在十四航空队的工作人员中，共产党游击队有很多的朋友和同情者。那数目最少在过去几星期间增加了一个。

我感激曾司令和他的人员，我并希望他们在建立强大的新中国的努力上得到一个可能的成功。

你们的朋友

伊根空军中尉

摘自陈禹山，陈少京：《袁庚之谜》，花城出版社，2005年版，第66—71页

特殊岁月

开始的第一天，我仔细地在地上寻找着、观察着那些小生命不停来回奔走寻找食物。第二天，我就特意留下一点窝窝头屑，等着它们来吃。就在这时，我发现了感人的一幕：一只蚂蚁发现了食物，但只是用触角碰了碰，就立即返身跑回去通知同伴，然后，整队蚂蚁一起把那块窝窝头屑搬回家共享。最出乎我意料的是，当时没有一只蚂蚁有私心，自己去偷偷地咬一口，而是原封不动一起搬回家，而且搬的时候都那么齐心协力、那么团结一致。

在接下来的日子里，我每天都会留下一点窝窝头屑给它们，每次它们都是那样，没有私心，团结一致。之后，我还发现如果有的蚂蚁快死了，它会自己走到巢外，而不会把尸体留在巢里，这也许是为了把空间留给别人。从那时起，我对蚂蚁就有了一种特别的敬意，我认为蚂蚁是世界上永远不会消亡的小动物，因为它们没有私心，团结一致。在这个世界上，只要没有私心、团结一致，什么都能办成。

摘自2004年8月15日《南方日报》《袁庚：千万别说没有袁庚就没有蛇口》一文。

历史的经验需要认真总结

那是1978年12月，中央收到交通部和广东省的联合请示报告。他们要求在当年还称作宝安县蛇口人民公社境内，划一两平方公里，由交通部香港招商局举办工业区。报告说，这样做可以发挥我们劳务、土地的优势和招商局长期从事海外经营的优势，引进利用国外的资金、技术，促进工业的发展。据悉，此建议的主要创意者，是时任招商局副董事长的袁庚同志。那时，全党全国正在为如何医治十年“文革”动乱造成的创伤，把国民经济搞上去，广泛深入地进行思考和讨论。这项颇有见地的建议，很快得到中央、国务院批准，并由袁庚同志主办其事。翌年春天，即破土动工。

1979年7月，中央、国务院按照邓小平同志的倡议，做出创办深圳、珠海、汕头和厦门四个经济特区的重大决策。蛇口工业区被划为深圳经济特区的一个重要组成部分。我当时在中央书记处和国务院分管经济特区和对外开放，深圳、蛇口是我常去的地方，经常与袁庚等同志研究工作，讨论问题。蛇口工业区的创始、成长和不断壮大的整个过程，我比较熟悉。我对那里有着深厚的感情。

在我国社会主义改革开放和现代化建设中，经济特区是“排头兵”。在特区中，深圳发展的速度最快，达到的经济规模最大，功能和作用发挥得最为显著。在深圳特区里，蛇口工业区锐意开拓，刻苦实践，一马当先，产生了不少“首创”和“第一”。“时间就是金钱，效率就是生命”这个口号的提出，以及它包含的新观念、新办法、新作风，在全国得到广泛认同。“蛇口模式”给人们以深刻启迪。这些，都是不争的历史事实。袁庚这位参加过抗日战争和人民解放战争的老同志，在改革开放中又立了新功。由他牵头的蛇口工业区的建设者和经营者们，在我国新的历史时期，做出了重要贡献。当然，举办密切联系国际市场的工业区，是新事物，它有个从稚弱到比较完善的发展过程；当事人的知识经验，也需要在实践中不断积累。因而，在蛇口工业区前进的历程中，也存在一些难以避免的缺陷，甚至一时的和局部的偏差。对这些进行认真总结研究，以为现时和今后的借鉴，是十分必要的。

摘自谷牧：《历史的经验需要认真总结》，《争议与启示——袁庚在蛇口纪实》，第1页。

招商局和蛇口工业区

招商局是我国近代设立最早、规模最大的航运企业，它于一八七二年三月开始筹办，一八七三年一月十七日正式对外开局营业。招商局的设立，开创了中国民族航运业的先河，打破了外国航运业对中国江海航运的垄断，使中国的轮船活跃在祖国最大的内河长江和近海，出现在东亚、南亚港口，并横渡太平洋、大西洋，远航英美等国。招商局还将它的经营范围逐步扩大到许多经济领域。当第一批中国近代企业相继创办时，招商局进行数额不等的投资，包括开栾矿务局、上海机器织布局、中国通商银行、汉冶萍钢铁煤炭公司等。招商局在旧中国走过了七十七年的坎坷历程，一九四九年五月，中国人民解放军解放上海，上海市军管会接管了招商局，招商局从此成为人民的企业。

一九七八年九月，交通部党组决定由我兼任香港招商局董事长，我提议由交通部外事局局长袁庚担任常务副董事长，主持招商局的日常工作。袁庚同志在抗日战争期间担任过东江纵队的联络处长，在解放战争期间担任两广纵队司令部作战科科长、炮兵团团长，是一位经过考验，有胆识、有能力的干部，我相信他能把招商局的事情办好。

为了贯彻党中央对港澳“长期打算，充分利用”的方针，交通部党组于一九七八年十月研究确定了香港招商局经营的方针：“立足港澳，背靠国内，面向海外，多种经营，买卖结合，工商结合”，以便加强我国在港澳的经济实力和发展远洋运输事业。

在党的十一届三中全会之后不久，招商局根据党中央“对外开放、对内搞活”的经济政策和香港招商局的经营方针，提出了筹建工业区的构想。一九七八年十一月二十二日，袁庚在广州把这个构想向广东省革命委员会副主任刘田夫介绍后，刘田夫同志立即表示予以支持。十二月中旬，叶飞同志出国考察回国路经香港时，听取了袁庚的汇报后，亦当即表示支持。十二月十八日，叶飞同志和我在广州与广东省革委会副主任刘田夫、王全国商谈筹建工业区的问题，国家经委副主任郭洪涛和招商局的同志参加了会议。在会上主要讨论了工业区地址的选择和初期用地面积；原材料、产品购销和国外技术人员进出工业区；初期所需非技术工人数额等问题。刘田夫同志的态度很积极，他表示：凡是在广东省革委会的权力范围内能解决的问题省革委会负责解决。关于工业区的地址，商定到宝安县的沙头角、蛇口、大鹏三个公社实地察看后，根据三处的地理、经济条件及水电供应情况再作决定。接着招商局和广东省革委会办公厅的同志，先后到了蛇口、沙头角、盐田、大鹏地区进行了实地考察，他们认为选择蛇口兴建工业区有利条件较多。刘田夫同志和我听取了汇报后，都同意这个选择。我们研究并起草了由广东省革委会和交通部联合向国务院的报告，我作了一些修改，经广东省革委会刘田夫等同志同意后，即派专人送到北京交通部，叶飞同志审阅后，召开部党组会议通过，于一九七九年一月六日上报国务院。

一月三十一日，李先念副总理批准了我们的报告后，交通部派出一名总工程师带领了一个三十四人的工作组，于二月十一日到蛇口进行实地勘察，拟定了工业区的总体规划和“五通一平”（通水、通电、通航、通车、通信、平整土地）的工程方案，认真研究了第一期工程的各个项目。二月二十八日，招商局和广东省公路勘察规划设计院、交通部第四航务工程局签订了蛇口工业区“五通一平”设计的委托书，开始了蛇口工业区的筹建工作。在筹建过程中，叶飞同志还多次邀请党中央、国务院领导同志到蛇口视察，取得党中央、国务院领导同志的支持。

我作为交通部第一副部长兼招商局董事长，自应责无旁贷地大力抓好蛇口工业区的开发工作，落实党中央和部党组的决定。为此，我三次到蛇口进行调查，并组织有关人员座谈，听取有关专家的意见。

在一九七九年春，我国对如何对外开放，引进外资来开办工业区还没有现成的经验。在这样的情况下，我们在蛇口开办引进外资的工业区，是要冒很大风险的，没有开拓精神是不敢这样做的。引进外资必须解决“五通一平”，创造良好的投资环境，这就需要大量投资。投入了大量资金，如果外商不来办厂，就收不回投资，在我国资金短缺的条件下，是一个很大的问题。当时，社会上以至交通部内对我们开发蛇口工业区的做法议论纷纷，有的同志认为交通部是搞交通运输的，搞工业区是不务正业。在叶飞同志调离交通部后，这种议论就更多了，主管工业区开发的袁庚同志面临着很大的压力，一度使工业区的筹建工作受到影响。我接任部长职务后，继续执行党组的决定，排除各种议论，坚决支持招商局把工业区办下去，明确指出必须全力办好工业区，支持袁庚同志的工作。指出袁庚同志有水平、有能力，工作是胜任的，筹建工作是有成绩的。并要求交通部有关单位，把支援工业区的开发工作做得更好。随着工业区的筹建不断取得进展，各种议论也就逐渐少了。

在开发建设过程中，招商局蛇口工业区的拓荒者们顶住压力，集中主要资金，以极大的决心和毅力进行了艰苦卓绝的工作，终于在八平方多公里的土地上兴建起三百家三资企业（即中外合资经营企业、中外合作经营企业、外商独资经营企业）。昔日的一片荒滩秃岭，如今变成厂房星罗棋布，高楼鳞次栉比，港湾桅杆林立，水陆交通四通八达的现代化海港工业城。蛇口工业区的开发被社会舆论誉为“蛇口方式”，成为党的十一届三中全会以后一个率先对外开放的窗口。

摘自曾生：《曾生回忆录》，解放军出版社，1992年版，第749—753页。

记忆·理想与爱迪生的灯

倘若人类不是有健忘的弱点，这个世界一定比现在繁荣、健康得多。

我在1973年刚从炼狱返回人间那段日子，常于北京西郊颐和园附近骑车代步，感觉到扑面而来的季风里回旋着自由的因子，荷红柳绿的景色中流溢着超脱的悠然。冷不防，风驰电掣的轿车擦身而过，又绝尘而去，让惊惶闪避的骑车人备受轻蔑与压抑，那时，我着实痛恨车中显贵的霸道与世事的不公。

不久后我恢复了工作，有了自己的“衙门”和专车。当我行驶在同一路段上，瞧着窗外的自行车竟像一股浊流，那种视而不见、充耳不闻的迟钝与混乱无序，岂不就是这个国家积重难返的象征？

感谢上苍，我还不至于把昨日握把蹬轮时的心境遗忘得一干二净，随着镜头的切换，我感到一阵如芒在背的愧赧。

数代人多少年来为之奋斗的“人类的解放与自由”，其应有之义究竟如何，恐怕如我等寻常之辈已难以说清。但是反省我们经受的种种苦难和不幸，每每发现毛病不是出在信念与视野，就是出在脊梁与胸襟；换言之，由于长期忽视人的多种需求和全面发展，铸成了苦涩与动荡的根源。被时下诺基亚电话机“以人为本”的广告撩拨得心动的人们，可能不记得马克思设计的社会主义有这样一条主要原则：要让每个人得到充分自由的发展。

遭受十年浩劫摧残的中国大地一片沉寂，沉寂得能听见新生命的种子发芽的声音。20年前一场春雷甘雨，蛇口工业区诞生了。她颇像一个喜欢没完没了提出问题又亲尝屡试的孩子，从总设计师“什么事情总要有人试第一个，才能开拓新路。试第一个就要准备失败，失败也不要紧”的教导汲取了巨大的精神力量。由于触发了思维定式的改变和传统观念的更新，许多人惊异于她的热诚与直率，也未免有人蹙眉于她的活泼与任性。蛇口发生的社会变革的实质，可以说是为优化人的生存空间、激发人的创造精神所作的认真探索，一系列改革的试验与对人的逐步完善的关心互为因果，终于展现出一个较为理想的社会的雏形。一位著名学者以“人的状态”这样来表征一个社会的健全程度：“每个成员充分发展其独立性，知道善与恶的区别，能够自己作出选择，有信念而不仅仅有意见，有信仰而不是有迷信或模糊不清的希望……”对此我颇有同感。

蛇口这个引人注目的异数，很早就被人涂敷上乌托邦的色彩。作为对社会进行反思的独特方法，乌托邦追求完美社会的理想永远具有激荡人心的力量。但是若把蛇口与乌托邦等同起来，至少会产生逻辑上的麻烦，因为“乌托邦”一词来源于“美好”与“乌有”，而蛇口则经历了含有成功与缺失的丰富的社会实践。

有先哲说过：如果人类的祖先没有理想，今天的我们就会依然蜷缩在树上或者山洞里，身上裹着树叶或者兽皮。

可惜总有人把先人不满于现状的奋争也连同山洞、兽皮的感受一块儿忘却，又无心重温自己儿时的美梦，于是便会对身边的革故鼎新不以为然，甚至侧目而视，挑剔求全。这种人接受不了“想象力比知识更重要”这样的“怪论”，其实——我一天比一天体会到——这是何等睿智的思想！

革命先行者孙中山先生为求中国之自由平等，104年前上书李鸿章时就曾指出："……固患于能行之人少，而尤患于不知之人多；国家每举一事非格于成例，辄阻于群议，此中国之大病源也。"依我之见，多回忆早年朴素的感受，有对符合天性的遐思奇想加以宽容的效果；有这点宽容，自然于个性的创造有利，"大病源"不说根治，至少不会再在急待呵护的国土上肆虐了。

1878年，爱迪生在门罗帕克实验室最初点亮的白炽灯只带来八分钟的光明，但是这短暂的八分钟却宣告了质的飞跃，世界因而很快变得一片辉煌。最初那盏古拙的灯泡，它的纤弱的灯丝何时烧断并不重要，重要的是它真真确确留给了人们对不足的思索，和对未来的希望。

摘自袁庚：《记忆·理想与爱迪生的灯》，载周祺芳主编《见证蛇口》，花城出版社，1999年版，第328—330页。

难忘的一年零三个月

就在这个时候，交通部调袁庚到香港招商局工作。袁庚有股冲劲，他敢说敢干。而我们在香港待久了，思想受到束缚，都胆小怕事。1978年12月份，我们开了一个党委会，当时远洋公司和招商局是一个党委，我是党委委员。袁庚谈到国内外的形势，谈到招商局的发展问题，思路非常开阔。袁庚认为，香港的发展如此之快，而我们国内有充足的土地和人力资源，为什么别人能干我们不能干。我们说要干就要问总公司，我们一无钱二无权，想干也不行。但大家感到袁庚决心很大，就纷纷发表意见，把埋在心里多年的想法谈出来。袁庚问我们怎么干？我们说，怕干不好，又怕赔钱，我们就干有把握的。当时有把握的是与船相关的事。招商局和远洋公司都是搞航运的，搞船的。我们提出来搞修船拆船厂，那是我们的强项，我们有把握，国内也有优势。远洋公司和益丰公司有一百多条船，与其在香港修，不如到内地修，内地土地和劳动力都比香港便宜。会上，大家一致同意袁庚的意见，到国内去寻求新的发展机会。

到内地去发展，对我们个人来说，既可以干点事业，又可以摆脱在香港无事可做的尴尬处境。党委决定，先派调查组到国内沿海地区寻找发展地址。我与金石、朱士秀、陈松、张鸣、许康乐等到宝安县的蛇口、盐田、大鹏选址。因为设想主要搞与航运相关的项目，选址时就专门请来友联船厂的陈松船长、远洋公司的张鸣等人。当时金石同志身体不大好，我就和陈松去爬山头。

蛇口沿海的几个山头我们都去看过，我们还借来小船，由蛇口小船厂的一位老工人带领到海上测量水深。我们看后觉得，蛇口什么都好，就是水浅，淤泥多。淤泥对蚝民来说最适合养蚝，但不适合停靠大船。这样，我们又一路到了大鹏湾一带，后来又到了盐田。看了这两个地方，总觉得大鹏、盐田还不如蛇口。陈松乘坐招商局的交通艇测算过蛇口至香港的距离，就二十七海里，开船从香港招商局码头出来，一个多小时就能到蛇口。在蛇口开办工业区的条件相对好些。

摘自张振声：《难忘的一年零三个月》，载周祺芳主编《见证蛇口》，花城出版社，1999年版，第15页。

袁庚的“梦”

1982年初春，一个星期天的早晨，六十多岁的袁庚在女儿的陪同下，从北京西苑骑自行车到了清华园。他敲开了我所住的学生宿舍的门，自我介绍：“我是袁庚，是前些日子在你们清华大学招聘学生去南疆的招商局的负责人。”……学生宿舍没有接待客人的空间，袁庚跟我就在学生宿舍一号楼前露天的长椅上进行了令我终生难忘的一次谈话。他说：“中国目前的体制，就像一筐互相钳住的螃蟹，你钳住我，我也卡住你，谁也动不了，谁也不想动……”初春的北京，外面还有些寒意，冻得我裹紧了外衣。但袁庚却像一把火，那么慷慨激昂，那么有热情。

我在这种热情的感染下，来到了蛇口。我也目睹和亲自参与了袁庚带着这样的热情，在蛇口进行的一系列改革。

1982—1986年之间，蛇口工业区进行了包括住房制度在内的一系列改革，蛇口工业区成为中国改革开放的试管，为中国的社会主义市场经济的建设作了初步的探索。蛇口工业区飞速发展。

最初给我印象的是住房制度的改革。蛇口首先大幅度提高了职工住房的租金，鼓励职工买房。那时，每月的房租相当于当时福利房八年分期付款每月需付的本息，房租占了双职工收入的20%以上。改革之后，蛇口职工分房再也不用领导讨论，分给谁，不分给谁；更见不到说情、诉苦、批条子的现象。人们常常可以看到，经理人员，甚至工业区领导层的住房比一般职工小，或比他的司机的住房面积还小，装修就更差了。当时，工业区一位党委副书记，住在二楼，二房一厅，因为他家人口少，孩子又小，二房一厅就够了。多一间房就要多付一大笔租金，没有必要。而他的司机，住在对面二楼，是三房一厅。后来工业区进一步改租为售，让职工以低于成本的价格买住房。最后发展到全成本售房和微利价售房，在全国率先进行了住房制度改革。紧接着，其他改革也陆续展开。

工资制度改革。改变了平均主义大锅饭式的工资制度，建立了以能力、效益为标准和原则的工资制度，真正体现了社会主义最基本的分配原则——“按劳分配”的原则。

干部制度改革。蛇口工业区在国内第一次提出公开招聘干部，并取消了干部的行政级别，任用干部不靠资历靠能力，使干部能上能下，人尽其才，各尽其能。

……

这些改革是对束缚生产力发展的现行体制的突破，也是蛇口工业区能在国内率先进入市场经济的基本条件。蛇口这个微小的试管开始产生巨大的作用。

摘自顾立基:《袁庚的“梦”》，载周祺芳主编《见证蛇口》，花城出版社，1999年版，第111页。

蛇口精神　永砺“平安”

——“平安保险”初创期的一段回忆

平安保险从蛇口招商路上一间不起眼的小门面开业，到今天成为中国第二大保险公司，已经历了十个春秋。在蛇口度过的那一段初创期，之所以令平安人刻骨铭心，正是因为在那里，平安保险不仅仅承受着“胎儿分娩期”必然的阵痛刺激，而且也经历着“幼儿成长期”难免的坎坷考验。在蛇口精神的激励、感召下，平安人开始了一个充满艰辛而又充满希望的创业历程。

艰难起步寻求突破

最初提出组建平安保险想法只是出于一个很偶然的契机。从1985年开始，作为中国“改革试管”的蛇口已开始触及金融领域的改革。1985年10月，蛇口社会保险公司成立，初成立的社会保险公司在开办社会保险的同时，也尝试着扩大社会保险的范围，开发工伤保险，对此，深圳市人民保险公司提出异议，他们认为按当时法规，工伤保险属于商业保险的范畴，若要从事此项业务，必须重新申请执照。虽然当时我们都感到受到挫折，但年轻人的思想总是不甘寂寞的，联想到香港招商局曾于1885年在上海成立第一家名为“仁济和”民族保险公司的历史，我们突发奇想，既然不能扩大保险的范围，100年后我们招商局可否重操旧业，成立一家新体制的保险公司。当我们把自已的想法向当时香港招商局的常务副董事长袁庚作了汇报后，袁庚同志当即表示非常支持，并亲笔写信给当时国务院财经小组副组长张劲夫、中国人民银行行长陈慕华、副行长刘鸿儒等领导，详述成立平安保险的必要性。拿着袁庚同志的亲笔信，我和工业区管委会副主任车国保一道去北京拜见了张劲夫。张劲夫也表示十分支持，并随即把袁庚的亲笔信批转给了陈慕华行长。

虽然我们的方案一开始就得到了一些领导的大力支持，但在刚刚改革开放不久的中国，要成立一家新的保险公司还是有相当大的困难，现存的许多问题亟待解决，大量艰苦的说服工作还等待我们去做。首先，当时的舆论对我们十分不利，国内金融界的许多人士，都认为根据当时国内的金融法规和经济环境还不具备成立第二家保险公司的条件；另外，1985年刚刚颁布的《保险企业管理暂行条例》对新保险公司的成立也作诸多限制：新保险公司不能从事法定保险、各种外币保险业务；另外，作为地方保险企业只能经营该地区的地方国营企业的保险，由于当时的国营企业普遍缺乏必要的资金和保险意识，这使得新成立的保险公司获得保费收入的空间很小。同时，根据当时的法规，新成立的保险公司也无法获得再保险资格，作为一家保险企业，若没有再保险、没有一定的分保能力是不可想象的，不但无法分散风险，而且也无法取得客户的信任。面对这种困难的局面，招商局的江波总经理后来在一次会议中也承认，当时就连他本人也认为那时要成立一家新保险公司的难度很大，但出于对我们这批年轻人的热情的欣赏，他当时才表示支持，允许我们作些尝试。

摘自马明哲：《蛇口精神 永砺“平安”》，载周祺芳主编《见证蛇口》，花城出版社，1999年版，第228页。

深圳蛇口工业区建设速度快

新华社记者宫策、张洪斌报道：广东省深圳经济特区招商局蛇口工业区以特有的经营方式，用不到两年时间，在一片荒芜的海滩上，完成了整个工业区的基础工程和公用设施的建设，开始了一系列工厂企业的建设。蛇口的经营方式引起了人们的广泛注意，人们称它为“蛇口方式”，意思是指它摆脱了企业变成行政机关附属物的“政企不分”状态，充分发挥企业自主权，运用经济办法进行建设。

1978年，香港招商局鉴于祖国四化建设的需要，向国家提出一项建议，要求利用自己的资金和管理经验，在深圳地区开发工业区，直接参加国家的四化建设。这个设想，得到了中央的赞扬和鼓励。1979年初，国务院正式批准招商局到深圳开发工业区，独立经营。国务院的决定2月份下达后，招商局立即组织精干的指挥部，于5月份进入蛇口地区勘察选址，组织施工队伍，8月份正式破土动工。

蛇口工业区的建设迅速展开，工业区指挥部始终保持着精干的机构。指挥部在荒滩上搭起活动房，从总指挥到技术人员和工人，大家吃住在一起。他们背着水壶，冒着酷暑，跋山涉水，勘测地形，组织施工，艰苦创业。

工业区的开发，是按照合理的程序，首先从“五通一平”（通路、通水、通电、通航、通信和平整建筑用地）基础工程开始的。在1平方公里的工地上，有4000多工人、近20个工程同时施工。在一年零九个月的时间内，基础工程基本完工。

在进行“五通一平”基础工程的同时，按照国家规定的优惠条件，引进了14个项目，总投资额达5亿港元。其中有货箱厂、轧钢厂、铝材厂、面粉厂、油漆厂、制氧厂、机械翻修厂、游艇厂、标准厂房、别墅、餐厅、外商住宿区等。现在，1个工厂已经建成投产，2个即将竣工投产，顺岸码头已开始营业，有9个工厂企业正在建设中。与此同时，还建造了办公楼、食堂、职工住宅等。蛇口的面貌每天都在变化。

工业区对投资办企业创造的优良条件，对外商、港商产生了吸引力。1980年，有美、日、英、西德、澳大利亚等18个国家的客人和港澳同胞1300多人，前来参观或洽谈生意。

新华社1981年6月16日电

袁庚个人大事年表

1917年4月23日

原名欧阳汝山，小学毕业证书上改用欧阳珊，入党后改为袁更，20世纪50年代初在出国护照上误写为袁庚，一直沿用至今。袁庚出生于广东省宝安县大鹏区王母圩水贝村中和里（现深圳市龙岗区大鹏镇水贝村）。父亲欧阳亨，海员。母亲袁燕，家庭妇女。

1923年　6岁

在水贝村私塾读书。

1924—1925年　7—8岁

就读于水贝村松山小学。

1925—1930年　8—13岁

在大鹏区王母圩新民小学读书。小学毕业证书改名为欧阳珊。

1931年　14岁

赴广州远东学校补习，9月，以“会考”第八名的成绩进入广东省广雅一中读书。

1934年　17岁

7月，初中毕业，考入“地政人员养成所”之后回乡完婚。女方名陈碧仙。

1935年　18岁

8月，毕业后分配到南海县石湾第四十测量队当测量员（兼绘图）。

1936年　19岁

8月，考入中央陆军军官学校广州分校。

1937年　20岁

儿子欧阳天羽出世。

8月，七七事变后，军校人心涣散，因对时局失望遂返回乡下。

9月，应母校大鹏新民小学校长王仲芬之邀，在该小学代课，开始参加抗日救亡活动，成立沿海青年抗敌后援会，被推举为负责人。

1938年　21岁

被新民小学校长王仲芬正式聘为教员。同年，参加大鹏抗日自卫大队。

1939年　22岁

任大鹏区区立第一小学校长。

3月27日，加入中国共产党，为了不连累家人，跟随母亲姓，改名袁更。“更”，意为“更改”。

11月，被调到惠阳抗日游击大队工作。后任军事教员。

1940年　23岁

3月至9月中旬，随惠阳游击大队与东莞大队东移至海陆丰地区，后回东莞参加黄谭战斗。

1941年　24岁

年初，被惠宝人民抗日游击总队队长曾生派到东莞宝太线上去开展工作。

7月，与东纵队员张嫦结婚。同年底，开辟一条地下航路，打通了内地与香港新界之间的水上交通要道，为游击队秘密运送药品。

1942年　25岁
3月，调离东莞到大亚湾沿海的护航大队任副大队长。

1944年　27岁
5月，奉命调至东江纵队司令部工作。
6月，曾生临时派袁庚到大鹏半岛统一指挥东纵的一支部队和当地税收站。
8月，根据党中央指示，东纵成立联络处，袁庚任联络处处长，负责对日军的情报工作。情报组织从4人迅速扩大到200多人。

1945年　28岁
9月，临时被授予上校军衔，和黄作梅一起被派往香港，与英方就港九游击队撤离九龙半岛问题进行谈判。在香港弥敦道设立东纵驻港办事处，任职办事处主任。该办事处为新华社香港分社前身。
10月，妻子陈碧仙、父亲欧阳亨、二弟欧阳汝川带着他8岁儿子欧阳天羽赴港，返回途中船只爆炸，一家四口遇难。
11月底，被调回东纵部队指挥部。

1946年　29岁
5月，被临时抽调至东纵部队北撤筹备组工作。
6月，随东纵部队北撤至山东烟台。
10月，入华东军政大学学习。

1947年　30岁

5月，结业于华东军政大学。分配到三野二纵队四师参谋处见习，名义上是参谋处副处长，参与了南麻临朐战役和昌（平）潍（坊）战役。

同年夏天，与张嫦办理离婚手续。

1948年　31岁

两广纵队成立，任纵队侦察科长，后为作战科长。

9月，参加济南战役。

11月，参加淮海战役。

1949年　32岁

两广纵队成立炮兵团，任炮兵团团长。

9月，两广纵队炮兵团沿湖北、江西，进入粤境，解放了沿海岛屿。

10月，解放大铲岛。

11月，解放三门岛前夕，奉命调至中央军情部参加武官班受训。

1950年　33岁

4月，作为情报与炮兵顾问，奔赴越南援越。后参加越南高平战役。

1951年　34岁

奉调回国。

8月，参加高干班学习，听苏联情报顾问讲课。

1952年　35岁

9月，结束高干班学习，与同机关的汪宗谦结婚。

随后，外派到印度尼西亚雅加达任中华人民共和国驻雅加达领事。

1955年　38岁

2月，儿子袁中印出世。

4月，周恩来总理赴雅加达参加“亚非会议”期间，负责情报组织工作。

1957年　40岁

大女儿袁尼亚出世。

1959年　42岁

9月，任中央调查部一局二处处长。

1960年　43岁

6月，小女儿袁小夏出世。

1961年　44岁

任中央调查部一局副局长。

1963年　46岁

4月，派往柬埔寨，参与破获国民党暗杀刘少奇的“湘江案”。

1965年8月—1966年5月　48—49岁

在河北省定兴县五里窑公社参加“四清运动”。

1966年6月—1967年5月　49—50岁

抽调至外办、侨委、外交部、交通部等单位组成的接侨办公室工作，被指派为接侨小组长兼光华轮党委书记，往返印尼接侨。

1967年　50岁
6月，回中央调查部机关工作，并参加“文革”运动。

1968年　51岁
4月6日，被拘捕，囚禁于秦城监狱。

1973年　56岁
9月30日，在周恩来的过问下，被释放回家。

1975年　58岁
10月，恢复工作，调任交通部外事局负责人。

1978年　61岁
6月，受时任交通部部长叶飞委派，赴香港调查两个月，起草了一份《关于充分利用香港招商局问题的请示》报告，经交通部党组讨论后于10月9日上报中共中央和国务院。
10月，被任命为交通部所属的香港招商局常务副董事长，主持招商局全面工作。
12月，向叶飞呈报招商局发展计划，提出在广东设立后勤基地。

1979年　62岁
　　1月31日，中共中央副主席李先念、时任国务院副总理谷牧接见交通部副部长彭德清与袁庚，听取关于招商局在广东宝安建立蛇口工业区的汇报。当袁庚汇报到要求在蛇口划出一块地段作为招商局的工业用地时，李先念当即批示：“拟同意。请谷牧同志召集有关同志议一下，就照此办理。”
2月，中共中央调查部委员会为袁庚平反并恢复名誉。

1980年　63岁
3月，蛇口工业区建设指挥部改组，袁庚出任总指挥。在蛇口工业区人才问题上实行“择优招雇聘请制”。同月，开始运作开发赤湾。
12月13日，中共中央总书记胡耀邦接见袁庚，听取了袁庚关于建设蛇口工业区五点体会的汇报后，问袁庚要多大权力。

1981年　64岁
4月14日，国务院副总理万里视察蛇口工业区，听取了袁庚的汇报后，很高兴地说：“你们干得很好，就照这样干。”
4月29日，丹麦女王在访港的盛大酒会上，接见袁庚。
8月，赵紫阳总理视察蛇口工业区，听取袁庚汇报，肯定“蛇口模式”。
11月，蛇口第一期企业管理干部培训班开学，此后又开办了数期，为工业区培养了大批管理人才，被誉为蛇口的“黄埔军校”。
年末，袁庚在多个场合多次提出“时间就是金钱，效率就是生命”的口号。

1982年　65岁
3月，给中组部部长宋任穷写信，提出在有关省市院校“招考招聘”所需人才。
6月，袁庚出任中国国际海运集装箱股份有限公司首任董事长。
7月，中国第一家股份制中外合资企业——中国南山开发股份有限公司成立。袁庚被公推为董事长兼总经理。

1983年　66岁

年初在蛇口分一住房，从此在香港、蛇口两地奔波。后来在蛇口工业区试行“干部冻结原有级别，实行聘任制”，并对领导干部实行公开的民主选举和信任投票制度。

2月9日，中共中央总书记胡耀邦视察蛇口工业区，袁庚向他汇报了关于直接、公开选举管理委员会委员和每年进行信任投票的设想，胡耀邦点头称好。

4月4日，蛇口工业区正式改“建设指挥部”为“管理委员会”，并宣布新的党委、管委会领导班子组成。袁庚兼任蛇口工业区党委书记与管委会主任。

1984年　67岁

1月26日，在蛇口迎来视察深圳的邓小平、杨尚昆一行，“时间就是金钱，效率就是生命”口号获得邓小平肯定。

4月，在中央书记处扩大会议（又名沿海部分城市座谈会）上作重点发言。时任国务院副总理王震对袁庚说，总理说，你的每一句话都是尖锐的。国务委员余秋里说，你为共产党人争了一口气。会后，中央决定开放14个沿海港口城市。

6月，中央批准袁庚为谷牧同志的顾问。

8月17日，应邀访问福建，作三场报告。

10月8日，经深圳市委批准，袁庚出任蛇口区委书记。

1985年　68岁

2月，袁庚提议，派员赴美国和加拿大招聘学成的自费留学生到工业区工作，以开辟一条人才来源的新渠道。

同月，支持蛇口工业区“机关报”《蛇口通讯》点名批评自己，并称：除非总编辑没有把握要求审查，党委可以不审查稿件。

4月，蛇口工业区选举第二届管委会领导班子。袁庚得票数第一。

10月，袁庚批准成立全国第一家由企业创办的保险机构——蛇口社会保险公司。1988年3月，经中国人民银行批准，发展成为平安保险公司。

12月25日，袁庚在谷牧主持的特区工作会议上发言。发言的标题是《克服困难，迎接未来》。

1986年　69岁

3月6日，《人民日报》发表袁庚的署名文章《重债在身，如负千斤》。3月26日，袁庚创办的南海酒店开业。

5月6日，应香港中文大学中国经济特区资料研究室邀请，在当代亚洲研究中心作题为《蛇口——中国开放改革的试管》的报告。

11月11日，袁庚出席在日本召开的“第二届中日经济讨论会”，并作了题为《中国开放政策和中日经济关系》的长篇讲话。

1987年　70岁

4月8日，袁庚提出创办招商银行的建议获得批准——中华人民共和国第一家由企业创办的股份制商业银行招商银行在蛇口工业区举行开业典礼。袁庚在开业典礼上致词。

同月，袁庚下决心将管委会改为董事会，力图让工业区恢复企业的本来面目。

1988年　71岁

1月13日，一场“青年教育专家与蛇口青年座谈会”引发了日后轰动全国的“蛇口风波”。

8月，《人民日报》组织讨论，在8月6日见报的文章中，袁庚公开表态：在蛇口不许以言治罪。并表示赞赏“我可以不同意你的观点，但我誓死捍卫你发表不同意见的权利”一语。

9月10日，蛇口工业区举行引进工作汇报会。袁庚再一次明确指出“蛇口工业区要转型，要发展知识密集型行业，要提高智能公司，发展智力输出，要发展第三产业，要把建设蛇口港放在第一位，更好地发挥蛇口作用”。

1989年　72岁

2月2日，袁庚在蛇口工业区的干部大会上讲话，希望将蛇口建设成为高智能的社区。

3月29日，蛇口工业区总经理办公室编发内部情况简报，公布了多家石油公司对蛇口投资环境和南油服务工作提出的尖锐批评。袁庚在简报上批示：“看了这份简报，真叫人难过，欲哭无泪，难道我们真是这么低能的民族，永远振作不起来吗？建议公开内部丑闻，是起死回生的时候了。”

9月30日，袁庚在纪念蛇口工业区建区10周年的两个酒会上发表演讲，强调坚定不移地探索具有中国特色的社会主义道路。

1993年　76岁

3月，离休，正部级待遇。晚年在蛇口定居。

2003年　86岁

7月，袁庚被香港特区政府授予“金紫荆勋章”。

10月，被上海市人民政府授予“中国改革之星”的称号。

2005年　88岁

9月1日，深圳市委书记李鸿忠向袁庚颁发由党中央、国务院、中央军委制作的中国人民抗日战争胜利60周年纪念章。

2006年　虚岁90

4月23日，大病初愈，应蛇口工业区之邀，乘船游览蛇口海域，查看晚年献身的这片热土，度过九十上寿。

2016年1月31日　99岁

因病医治无效，在深圳蛇口逝世，享年99岁。

摘自涂俏：《袁庚传：改革现场》，作家出版社，2008年版，第494—501页。略有订正。

参考书目

1. 曾生：《曾生回忆录》，
解放军出版社1992年版
2. 本书编纂委员会：《旗红大鹏湾》，
海天出版社2005年版
3. 黄日光：《大鹏烽烟》，
海天出版社1991年版
4. 陈敬堂：《香港抗战英雄谱》，
中华书局2014年版
5. 本书编纂委员会：《辑录蛇口》，
内部资料2014年版
6. 马立诚：《蛇口风波》，
中国新闻出版社1989年版
7. 周祺芳：《见证蛇口》，
花城出版社1999年版
8. 鞠天相：《争议与启示》，
中国青年出版社1998年版
9. 洪洋：《太阳从南边升起：蛇口日记》，
作家出版社2008年版
10. 陈禹山，陈少京：《袁庚之谜》，
花城出版社2005年版

本书图片由招商局档案馆、袁庚家人及相关人士提供。

总策划
陈寅

出版人
胡洪侠

策划编辑
郭洪义
孔令军

责任编辑
谭祎波
岳鸿雁

技术编辑
杨杰
林洁楠
何杏蔚
杨铖彦

装帧设计
杨军

图书在版编目（CIP）数据

袁庚传奇：庆祝深圳经济特区建立四十周年纪念版 / 涂俏著. -- 深圳:深圳报业集团出版社, 2020.8
ISBN 978-7-80709-931-4

Ⅰ. ①袁… Ⅱ. ①涂… Ⅲ. ①袁庚（1917-2016）-传记 Ⅳ. ①K827=7

中国版本图书馆CIP数据核字(2020)第132094号

袁庚传奇
庆祝深圳经济特区建立四十周年纪念版
Yuangeng Chuanqi
涂俏 /著

深圳报业集团出版社出版发行
(深圳市福田区商报路2号 518034)
中华商务联合印刷（广东）有限公司印制
新华书店经销
开本：889mm×1230mm 1/32
字数：270千字
版次：2020年8月第1版 2020年8月第1次印刷
印张：11.75
ISBN 978-7-80709-931-4
定价：88.00元